POLETTOS
Kochschule

©   Verlag Zabert Sandmann
München
1. Auflage 2011
ISBN 978-3-89883-299-1

Grafische Gestaltung	Georg Feigl
Fotografie	Jan-Peter Westermann (siehe auch S. 185), Dirk Schmidt (Cover)
Redaktion	Eva-Maria Hege, Gerti Köhn
Redaktionelle Mitarbeit	Marianne Zunner
Redaktion Hamburg/NDR	Christian Stichler
Herstellung	Karin Mayer, Peter Karg-Cordes
Lithografie	Christine Rühmer
Druck & Bindung	Mohn media Mohndruck GmbH, Gütersloh

 Beim Druck dieses Buchs wurde durch den innovativen Einsatz der Kraft-Wärme-Kopplung im Vergleich zum herkömmlichen Energieeinsatz bis zu 52 % weniger CO_2 emittiert. *Dr. Schorb, ifeu.Institut*

»Polettos Kochschule« im Ersten, NDR und SR Fernsehen,
Redaktion: Christian Stichler, Andrea Etspüler.
Lizenziert durch Studio Hamburg Distribution & Marketing GmbH, Koordination: Petra Rönnfeldt.

Besuchen Sie uns auch im Internet unter www.zsverlag.de

Polettos Kochschule

Meine schnelle Küche
für jeden Tag

mit Fotos von Jan-Peter Westermann

ZABERT SANDMANN

Inhalt

Frisch, leicht und lecker:
Meine schnelle Küche

Was koche ich heute? Diese Frage zählt zu meinen absoluten Lieblingsfragen. Kein Wunder: Ich koche für mein Leben gern und auf diese Frage folgt meist der Startschuss für wunderbare Stunden in der Küche. Als selbstständige Profi-Köchin bin ich in der angenehmen Lage, dass ich relativ viel Zeit zum Kreieren von Gerichten habe – und vor allem fleißige Helfer, die an der Zubereitung mitwirken. Zumindest in meinem Restaurant ist das so. Und im Fernsehstudio.

Privat, wenn mittags meine Tochter aus der Schule kommt, ist die Situation eine völlig andere. Das wird Ihnen sicher bekannt vorkommen. Wir beide haben einen Bärenhunger, und ich hatte noch keine Zeit, etwas vorzubereiten. An diesen Tagen und immer häufiger auch mal am Wochenende kommt es darauf an, schnell ein gesundes und leckeres Gericht zu kochen, natürlich mit vielen frischen Zutaten und möglichst ohne Fertigprodukte. Unmöglich sagen Sie? Keineswegs! Ich bin davon überzeugt, dass mit ein paar Tricks und ein bisschen Übung die Zubereitung frischer Speisen nicht viel länger dauert als das Aufwärmen von Fertigware aus dem Supermarkt – dabei jedoch gesünder ist und viel besser schmeckt!

Wenn man gleich etwas mehr kocht und den »Überschuss« einweckt oder einfriert, kann man diesen an knapp bemessenen Tagen in null Komma nichts aufwärmen. Einen Salat schneide ich Ihnen in einer halben Minute. Sie brauchen länger? Kein Problem, nach dem Anbraten kann das Steak in dieser Zeit im Ofen garen. Und aus den restlichen Kartoffeln von gestern zaubern Sie im Nu köstliche Bratkartoffeln. Um genau solche Gerichte geht es in meiner neuen Sendung. Zusammen mit Dennis Wilms zeige ich jeden Sonntag, wie einfach und schnell man kochen kann. In diesem Buch finden Sie mehr als 90 leckere Rezepte, für deren Zubereitung Sie nicht viel länger brauchen als eine halbe Stunde. Dabei reicht das Repertoire vom Schweinefilet mit Meerrettichkruste über meinen ganz persönlichen Pannfisch mit Spargel und Krabben bis hin zu gebackener Roter Bete mit Kürbiskern-Vinaigrette.

Probieren Sie es aus! Es lohnt sich – und schmeckt!

Ihre

Cornelia Poletto

Meine 5 Einkaufsregeln

Die Grundlage für gutes Essen sind für mich gute Produkte. Je höher die Qualität der einzelnen Lebensmittel, desto besser wird auch das, was ich daraus koche. Ganz einfach. Deshalb sollten Sie schon beim Einkauf anspruchsvoll sein und nicht irgendetwas von irgendwoher kaufen. Informieren Sie sich, probieren Sie, testen Sie Händler und Geschäfte – Sie werden bald lernen, Qualität von weniger Gutem zu unterscheiden. Und merken, dass es Ihnen guttut. Denn wer gutes Essen schätzt, tut nicht nur etwas für die Produzenten, die Umwelt und die Händler, er tut vor allem etwas für sich selbst.

Gutes Essen fängt beim Einkauf an

Bei einem Lebensmittelhändler einzukaufen, der gute Produkte anbietet, macht Spaß und Vorfreude aufs Kochen.

1. Suchen Sie sich Verbündete. Das kann der Schlachter um die Ecke sein, der Händler vom Marktstand, der Bauer im Hofladen oder ein besonders engagierter Verkäufer in Ihrem Supermarkt. Denn sie wissen, wo die Ware herkommt, kennen mit der Zeit Ihre Vorlieben, beraten Sie bei der Auswahl und geben Tipps zur Zubereitung. Und wenn Sie einmal Extrawünsche haben, werden Ihre »Verbündeten« sie gerne erfüllen.

2. Kaufen Sie saisonal. Das ist keine neue Erkenntnis, sie ist aber bestechend einfach: Gemüse und Obst, das gerade Saison hat, ist nicht nur am frischesten, sondern auch am preiswertesten. Und es hat das beste Aroma – weil es meistens keine lange Reise hinter sich hat und im Freiland statt im Treibhaus wachsen konnte. Das heißt natürlich nicht, dass Sie im Winter nur noch Sauerkraut essen sollen und jede Tomate links liegen lassen müssen. Der Schwerpunkt der Küche sollte sich aber nach den Jahreszeiten richten.

3. Kaufen Sie regional. Rings um unsere Großstädte gibt es traditionell Anbaugebiete, die die Märkte in der Stadt, aber auch die Wochenmärkte in den nahe gelegenen Orten mit Nahrungsmitteln beliefern. Die Ware ist superfrisch, weil die Wege kurz sind. Unterstützen Sie diese Produzenten. Und ändern Sie spontan den Speisezettel, wenn es nicht das gibt, was Sie eigentlich wollten.

4. Kaufen Sie öfter ein. Einmal die Woche zum Mega-Supermarkt fahren und alles besorgen, was man die nächsten Tage braucht, ist schon verlockend. Und praktisch. Aber je länger frische Ware liegt, desto mehr verliert sie an Nährstoffen und Geschmack. Machen Sie deshalb ab und zu einen Abstecher zum Händler um die Ecke und lassen sich von seinem Angebot inspirieren.

5. Planen Sie Ihren Einkauf. Damit meine ich nicht, dass Sie sich akribisch an eine Einkaufsliste halten müssen. Wer sich aber allzu sehr vom riesigen Angebot verlocken lässt, hat hinterher vielleicht jede Menge Früchte im Korb, aber den Salat fürs Abendessen vergessen. Wer eine Idee davon hat, was er kochen will (heute gibt es Schnitzel mit Salat oder Gemüse), kauft gezielter und hat trotzdem die Wahl (das Kalbsschnitzel sieht besonders gut aus, es gibt Freiland-Kopfsalat aus der Region).

Kühl und frisch

Früher hatte jedes Haus eine Speisekammer und einen kalten Kellerraum, um Vorräte zu lagern. Heute sind die Küchen klein und der Platz ist knapp. Nur die Kühlschränke werden immer größer. Das ist kein Wunder, denn aus Zeitmangel kaufen wir immer seltener ein, dafür aber in größeren Mengen – und das meiste davon landet im Kühlschrank. Dabei ist es übrigens nicht egal, wo Sie die Lebensmittel hinstellen. Innerhalb des Kühlschranks ist es nämlich unterschiedlich kalt und vieles hält einfach länger oder schmeckt besser, wenn Sie beim Einräumen auf die richtige Platzierung achten.

Für jedes Lebensmittel der ideale Platz

Jeder Kühlschrank hat verschiedene Temperaturzonen. Das mildeste Klima herrscht im Gemüsefach. Es wird durch eine Glasscheibe vom Rest des Kühlschranks abgetrennt und hat Platz für Salat, Gemüse, Kräuter und leicht verderbliches Obst. Da kalte Luft nach unten sinkt, ist es direkt über den Gemüsefächern am kältesten. Bei kalten 2 bis 4 °C ist hier der richtige Platz für leicht Verderbliches wie Fisch, Fleisch oder Wurst. Im 4 bis 6 °C kalten Mittelteil bringe ich Milchprodukte unter – Sahne, Crème fraîche, Mozzarella, Quark und Joghurt. Darüber stehen bei etwa 8 °C gut abgedeckt Reste von fertigen Speisen, angebrochene Gläser mit Konfitüre, Antipasti oder Gurken. Bei milden 10 °C in der Kühlschranktür sind Eier und Butter gut aufgehoben, auch angebrochene Gläser, Flaschen und Tuben lagere ich hier. Reste aus Dosen fülle ich vor dem Lagern um, damit sie nicht metallisch schmecken.

Ein gut gefüllter Kühlschrank ist aber mehr als nur Lagerraum, manchmal ist er auch eine Fundgrube für mich. Wenn sich Gäste spontan ankündigen oder meine Tochter eine Freundin zum Essen mitbringt, mache ich einfach die Kühlschranktür auf und lasse mich inspirieren. Immer finde ich darin Dinge, mit denen ich schnell was Leckeres zaubern kann – eine schnelle Pasta, eine Frittata, einen schönen Salat.

Das habe ich für alle Fälle im Kühlschrank: Milch, Butter, Sahne, ein Stück Parmaschinken, Coppa und/oder Tiroler Speck, Eier, ein Stück Parmesan, ein Glas selbst gemachtes Pesto, eine Flasche selbst gemachte Vinaigrette, groben und feinen Dijonsenf, Meerrettich, Tomatenmark, eine Flasche Weißwein, ein Stück Ingwer, eine Knoblauchknolle und ein paar Schalotten.

Und das ist in meinem Tiefkühlfach: Erbsen, dicke Bohnen, Blattspinat, Blätterteig und Beeren, selbst gemachte Brühen und Fonds (kann man an verregneten Wochenenden auf Vorrat kochen), in Eiswürfelbehältern eingefrorene frische Kräuter, zwischen Folie einzeln eingefrorene dünne Speckscheiben.

Es gibt übrigens auch Lebensmittel, denen Kühle gar nicht guttut. Dazu gehören Bananen und Tomaten. Sie werden durch Kälte geschmacklos und fade.

Auf Eis gelegt: Beeren, Gemüse oder auch Speckscheiben bleiben im Tiefkühlfach lange frisch.

Für alle Fälle

Ich weiß nicht, wie es Ihnen geht, aber mich macht ein gut gefüllter Vorratsschrank so richtig zufrieden. Vielleicht stammt dieses Gefühl noch aus den Zeiten, in denen wir Frauen die ganze Familie mit sorgsam angelegten Vorräten über die kalte Jahreszeit bringen mussten. Die sind zwar schon lange vorbei, aber trotzdem ist es beruhigend zu wissen, dass ich mich mit dem, was mein Vorratsschrank hergibt, gut und gerne einige Wochen über Wasser halten könnte. Natürlich gibt es auch bei haltbaren Lebensmitteln große Qualitätsunterschiede. Probieren Sie sie einfach durch, so finden Sie schnell Ihre Lieblingsmarken.

Ein Schrank voller Köstlichkeiten

Mit einem gut bestückten Vorratsschrank ist man jederzeit für spontanen Hunger und Überraschungsbesuch gewappnet.

Beginnen wir mit den Grundnahrungsmitteln: Mehl, Speisestärke, Zucker und Salz sind ein Muss in jedem Vorrat. Neben weißem Zucker habe ich auch braunen Zucker im Schrank, neben feinem Meersalz auch grobes Salz für Krusten und Nudelwasser, außerdem mein geliebtes Fleur de Sel. Weil ich ein Polenta-Fan bin, gibt's bei mir auch Maisgrieß und natürlich Nudelgrieß für Pastateige. Diverse getrocknete Bohnen- und Linsensorten bieten Möglichkeiten für viele Kreationen.

Perfekt für jeden Vorrat sind natürlich auch Pasta & Reis. In meinem Schrank lagern immer mehrere kurze und lange Pastasorten, außerdem Basmati- und Risottoreis. Auch einige Dosen werden Sie dort finden –

Bohnen und Kichererbsen für schnelle Suppen und Salate, aromatische Pelati (geschälte Tomaten) aus Italien für Pastasaucen und Kokosmilch für cremige Currys.

Ideal zum Verfeinern vieler Gerichte ist eingelegtes Gemüse: gegrillte Paprika, getrocknete Tomaten, Kapern, schwarze und grüne Oliven, Artischocken und Antipasti-Zwiebeln. Mit weißem Thunfisch oder würzigen Sardellen peppe ich Salate und Saucen auf.

Ohne Essig & Öl geht in meiner Küche nichts. Mit altem Balsamico schmecke ich Saucen ab oder träufle ihn sparsam über Gerichte. Milden Weißweinessig und gutes Olivenöl brauche ich für Salate, ein hoch erhitzbares Öl zum scharfen Anbraten und Frittieren. Für besondere Geschmackserlebnisse stehen kleine Mengen von Fruchtessigen und Spezialölen bereit – mal ein aromatischer Himbeeressig, mal ein feines Walnussöl.

Unverzichtbar in meiner Küche sind Gewürze & Kräuter. Eine Mühle mit schwarzem Pfeffer und eine mit gemischten Pfefferkörnern stehen immer griffbereit an meinem Herd. Bei Gewürzen liebe ich die Auswahl – von Anis bis Zimt ist fast alles vorhanden. Dabei bevorzuge ich ganze Gewürze und zerkleinere sie frisch im Mörser. Und natürlich lagere ich die Gewürze in dunklen, gut verschlossenen Behältern und verbrauche sie schnell. Weil getrocknete Kräuter nur der halbe Genuss sind, stehen meine Lieblingskräuter Basilikum, Thymian und Rosmarin das ganze Jahr über in Töpfen an meinem Küchenfenster. So kann ich mich jederzeit bedienen.

Messer, Topf & Co.

Eine Designer-Küchenmaschine und ein Hightech-Herd müssen nicht sein, aber Kochen ist Handwerk, und ohne gutes Werkzeug geht es nicht. Deshalb braucht jeder Koch eine Grundausstattung, bei deren Anschaffung es aber nicht aufs Aussehen, sondern vor allem auf Funktionalität und Qualität ankommt. Investieren Sie deshalb lieber in einige gute Messer, anstatt sich einen »günstigen« Messerkoffer mit vielen blitzenden Schneidewerkzeugen zuzulegen, die Sie hinterher nicht benutzen. Denn mit gutem Werkzeug haben Sie einfach mehr Spaß am Kochen – und auch als Anfänger schon Erfolgserlebnisse.

Meine Küchen-Basics

Los geht's beim Kochen oft mit dem Schälen & Schneiden. Dafür brauchen Sie ein stabiles Arbeitsbrett und Messer. Für den Anfang reichen drei Messer: ein kleines Officemesser, ein großes Kochmesser und ein gezahntes Brotmesser. Außerdem einen Sparschäler, eine Vierkantreibe sowie eine Küchenschere.

Ideal zum Kochen & Brutzeln sind Edelstahltöpfe mit schweren Böden, die die Hitze gut leiten. Zur Grundausstattung gehören ein großer 5-Liter-Topf für Pasta oder Suppen, ein 2- bis 3-Liter-Topf für Kartoffeln und Gemüse sowie ein breiter Topf für Risotto und Schmorgerichte. Für Saucen empfehle ich einen kleinen Stieltopf (Sauteuse) mit abgerundetem Boden. Außerdem sollten

Alles griffbereit: Übersichtlich aufgehängte Küchenhelfer sehen gut aus und ersparen langes Suchen in Schubfächern.

vier Pfannen in Ihrem Schrank stehen – eine große und eine kleine beschichtete, eine Grillpfanne sowie eine Wokpfanne, in der man auch frittieren kann.

Auch wenn wir Profiköche Pfannen lieber schwenken oder rütteln, um den Inhalt zu mischen, brauchen wir doch ab und zu mal einen Kochlöffel. Ein Pfannenwender aus Holz wendet nicht nur Steaks, er dient auch zum Umrühren. Ein Schneebesen mischt Cremes und Flüssigkeiten, ein Pürierstab mixt Pesto und Pürees oder schlägt Mayonnaise auf. Dazu eine große und kleine Rührschüssel aus Metall und ein Kunststoff-Rührbecher – die Ausrüstung zum Rühren & Schlagen ist komplett.

Universell einsetzbar zum Braten & Backen ist ein gusseiserner Bräter. Man kann damit Fleisch auf dem Herd anbraten und im Ofen weitergaren. Und wenn er einen Deckel hat, ist er auch für Schmorgerichte geeignet. Eine rechteckige Form aus Glas oder Keramik ist praktisch für Gratins, Aufläufe oder Lasagne.

Die Liste der Küchenhelfer ist lang. Sie benötigen ein großes und ein kleines Sieb, Schöpflöffel in zwei Größen sowie einen Schaumlöffel. Alles Übrige hängt von Ihren Vorlieben ab – wer gerne Fisch isst, hat eine Grätenzange, Pastafans eine Pastazange und ein Pastasieb, Saucenköche greifen oft zum Passiersieb und Salatliebhaber zur Salatschleuder. Mein Lieblingsstück (neben der Flotten Lotte, siehe S. 19) ist eine Kochpinzette. Ich kann damit umrühren, mal eine Nudel aus dem Kochwasser fischen oder Steaks wenden, einfach praktisch!

Kalte & warme
Vorspeisen

Geht es Ihnen auch so? Manchmal schmecken mir die kleinen Köstlichkeiten, die zum Auftakt eines Essens serviert werden, am allerbesten. Leichte Suppen, frische knackige Salate oder knusprige Crostini machen einfach Appetit und wecken die Vorfreude auf kommende Genüsse. Wenn die kleinen Starter dann auch noch unkompliziert und fix zu machen sind, freuen sich nicht nur Gäste, sondern auch Gastgeber. Und das macht dann doppelt glücklich.

Schnelle Basics für Vorspeisen

Das Auge isst mit – dieser Grundsatz gilt besonders für Vorspeisen. Denn das beste Essen schmeckt nur halb so gut, wenn es lieblos angerichtet wurde. Wie bestimmte Vorspeisen mit einem kleinen Trick groß rauskommen können, zeige ich Ihnen hier. Außerdem lege ich Ihnen eines meiner Lieblingsgeräte ans Herz: die Flotte Lotte – ein Passiergerät für Suppen, Saucen und Pürees, das schon unsere Großmütter kannten. Und ich mixe meine Basis-Vinaigrette. Wenn Sie diese so wie ich immer griffbereit im Kühlschrank haben, werden Sie garantiert noch lieber Salat essen.

Hübsch in Form

Ob Beefsteak-, Lachs- oder Gemüsetatar: Feingewürfeltes ist im Trend. Besonders schön sieht es aus, wenn man das Tatar als »Türmchen« präsentiert – das geht besonders gut mithilfe von Anrichteringen aus Metall, die man auch zum Ausstechen von Teig und Broten oder für süße Cremes und Törtchen verwenden kann.

Fleisch oder Fisch und Gemüse in sehr feine Würfel schneiden und das Tatar je nach Rezept würzen.

Mit den Anrichteringen Kreise aus dem Weißbrot ausstechen und in Olivenöl auf beiden Seiten goldbraun braten.

Die Brote und die verschiedenen Tatars in die Metallringe schichten und gleichmäßig andrücken.

Die Anrichteringe vorsichtig abziehen und die Türmchen mit einer Palette auf Teller heben.

Fix aufgemischt

Für einen schnellen Blattsalat habe ich in einem großen Schraubglas immer meine Basis-Vinaigrette im Kühlschrank stehen. Bei Bedarf schüttle ich sie einfach kurz durch und peppe sie mit frischen Kräutern auf.

4 Schalotten schälen und in feine Würfel schneiden. In ein Sieb geben, kurz in kochendes Wasser tauchen und gut abtropfen lassen.

8 EL milden Essig, Meersalz, Pfeffer aus der Mühle, etwas Zucker, 4 TL Dijonsenf und ¼ l Olivenöl in ein Schraubglas geben.

Die Schalotten hinzufügen, das Glas verschließen und alles durch kräftiges Schütteln vermischen.

Flott durchgedreht

Wer gern cremige Suppen, feine Pürees oder sämige Gemüsesaucen mag, wird diesen Küchenklassiker lieben: die Flotte Lotte. Weich gekochtes Obst und Gemüse werden gleichzeitig zerdrückt und passiert. Ich bereite mit ihr gern Tomatensuppen und -saucen zu.

Tomaten-, Schalotten- und Knoblauchwürfel mit Kräutern in Olivenöl andünsten und würzen.

Die Flotte Lotte auf einen Topf setzen und etwas weich gegarte Tomatenmasse hineingeben.

Die Tomatenmasse portionsweise durch Drehen der Kurbel passieren und nach Belieben abschmecken. Aus dem Püree entweder eine Sauce zu Pasta oder eine Suppe zubereiten.

Klassische Bruschetta

mit drei Variationen

Zutaten für 4 Personen

4 EL Olivenöl

4 Scheiben Ciabatta

2 Fleischtomaten (z. B. Ochsen-

herztomaten)

1–2 Stiele Basilikum

Fleur de Sel

Pfeffer aus der Mühle

2 Knoblauchzehen

1 In einer Pfanne 2 bis 3 EL Olivenöl erhitzen und die Ciabattascheiben darin auf beiden Seiten knusprig braten. Oder die Ciabattascheiben auf ein Backblech legen, mit 2 bis 3 EL Olivenöl beträufeln und im auf 180 °C vorgeheizten Backofen auf der mittleren Schiene knusprig rösten.

2 Die Tomaten waschen und vierteln, die Stielansätze und die Kerne entfernen und das Fruchtfleisch in feine Würfel schneiden. Das Basilikum waschen und trocken schütteln, die Blätter abzupfen und fein schneiden. Die Tomatenwürfel, das Basilikum und das restliche Olivenöl mischen und mit Fleur de Sel und Pfeffer würzen.

3 Die Knoblauchzehen längs halbieren, die Röstbrote damit einreiben und die Tomatenmischung darauf verteilen.

Variationen:

Für **Tomaten-Avocado-Bruschetta** die Röstbrote und 1 Fleischtomate wie im Rezept vorbereiten. Die Tomate anstelle von Basilikum mit fein geschnittenen Korianderblättern mischen. 1 reife Avocado halbieren, die Hälften gegeneinanderdrehen, voneinander lösen und den Kern entfernen. Die Hälften schälen, in feine Würfel schneiden und mit 1 EL Zitronensaft, den Tomatenwürfeln und dem restlichen Olivenöl mischen. Mit Salz und Pfeffer würzen und auf den Röstbroten verteilen.

Für **Tomaten-Paprika-Bruschetta** die Röstbrote und 1 Fleischtomate wie im Rezept vorbereiten. Die Tomate anstelle von Basilikum mit einigen Thymianblättchen mischen. 4 gegrillte Paprikafilets (aus dem Glas) in Streifen schneiden und mit den Tomatenwürfeln und dem restlichen Olivenöl mischen. Mit Salz und Pfeffer würzen und auf den Röstbroten verteilen.

Für **Tomaten-Pfifferling-Bruschetta** die Röstbrote und 1 Fleischtomate wie im Rezept vorbereiten. 100 g Pfifferlinge putzen, falls nötig halbieren oder vierteln und in 2 EL heißem Olivenöl anbraten, bis sie kein Wasser mehr ziehen. Mit Salz und Pfeffer würzen, 1 EL Schnittlauchröllchen untermischen und etwas abkühlen lassen. Die Tomate und die Pfifferlinge mischen und auf den Röstbroten verteilen.

Ziegenkäse-Bruschetta
mit Oliven und Thymian

Zutaten für 4 Personen

4 Ziegenfrischkäsetaler
(à 20–30 g) · 1–2 EL Milch
einige Zweige Thymian
2 EL schwarze Oliven (entsteint)
Meersalz
Pfeffer aus der Mühle
1 EL Pinienkerne
1 Knoblauchzehe
3 EL Olivenöl
4 Scheiben Weißbrot

1 Den Ziegenkäse in einer kleinen Schüssel mit einer Gabel zerdrücken und mit der Milch glatt rühren. Den Thymian waschen und trocken schütteln. Die Oliven grob hacken, etwa 1 TL Thymianblätter von der Zweigen streifen und fein hacken. Den Thymian und die Oliven unter die Käsecreme rühren. Mit Salz und Pfeffer abschmecken.

2 Die Pinienkerne in einer Pfanne ohne Fett goldbraun rösten und herausnehmen. Die ungeschälte Knoblauchzehe leicht andrücken. Das Olivenöl in der Pfanne erhitzen und die Brotscheiben darin zusammen mit den restlichen Thymianzweigen und dem Knoblauch auf beiden Seiten knusprig braten. Auf Küchenpapier abtropfen lassen und die Käsecreme darauf verteilen. Die Pinienkerne auf die Brote streuen.

Guacamole
mit Tomaten und Koriander

Zutaten für 4 Personen

2 reife Avocados
ca. 3 EL Limettensaft
1 Schalotte (oder Frühlingszwiebel)
100 g Kirschtomaten
½ Bund Koriander
Meersalz
Cayennepfeffer

1 Die Avocados halbieren, die Hälften gegeneinanderdrehen und den Kern entfernen. Die Hälften schälen, das Fruchtfleisch in grobe Würfel schneiden und in eine Schüssel geben. Sofort mit 2 EL Limettensaft mischen und mit einer Gabel fein zerdrücken.

2 Die Schalotte schälen und in feine Ringe schneiden. Die Tomaten waschen und vierteln. Den Koriander waschen und trocken schütteln, die Blätter abzupfen und grob schneiden. Alles unter die Avocadocreme mischen und mit dem restlichen Limettensaft, Salz und Cayennepfeffer würzen. Die Guacamole zu Knoblauch-Röstbrot (siehe Rezept oben) servieren.

Mein Tipp • Guacamole ist der ideale Dip für die Grillparty, sie passt zu Fisch ebenso wie zu Fleisch.
Avocados schmecken übrigens erst gut, wenn sie reif sind. Das erkennt man daran, dass die Schale auf leichten Fingerdruck nachgibt.

Kopfsalatherzen
mit Kräuterdressing

Zutaten für 4 Personen

4 Kopfsalatherzen (oder Mini-Romanasalate)

1 Bund Kerbel

2–3 Stiele Dill

1–2 Stiele Zitronenmelisse

1 unbehandelte Zitrone

Meersalz · Pfeffer aus der Mühle

1 TL Zucker

8 EL Olivenöl

2–3 EL Gemüsebrühe

1 Die Salatherzen putzen, waschen und trocken schütteln. Nach Belieben in einzelne Blätter teilen oder die Herzen halbieren und auf Teller geben. Die Kräuter waschen und trocken schütteln, die groben Stiele entfernen und den Rest grob schneiden. Die Zitrone heiß waschen und trocken reiben, die Schale fein abreiben und den Saft auspressen.

2 Die Kräuter mit Salz, Pfeffer, Zitronenschale, -saft, Zucker, Olivenöl und Brühe in einen hohen Rührbecher geben und mit dem Stabmixer fein pürieren. Das Dressing mit Salz und Pfeffer abschmecken und über den Kopfsalat träufeln. Den Salat mit Ciabatta als Vorspeise, als Beilage oder mit knusprigem Bacon und wachsweich gekochtem Ei als kleines Hauptgericht servieren.

Weißer Bohnensalat
mit Frühlingszwiebeln und Thunfisch

Zutaten für 4 Personen

1 Dose große weiße Bohnen
(500 g Abtropfgewicht)
1 Bund Frühlingszwiebeln
4 Stangen Staudensellerie
200 g Thunfisch (in Olivenöl
eingelegt; vorzugsweise
weißer Thunfisch)
3 EL Weißweinessig
Meersalz
Pfeffer aus der Mühle
6 EL Olivenöl
½ Bund Petersilie

1 Die Bohnen abtropfen lassen. Die Frühlingszwiebeln putzen, waschen und in feine Ringe schneiden. Den Sellerie putzen, waschen, das Grün beiseitelegen und die Stangen in dünne Scheiben schneiden. Den Thunfisch abtropfen lassen und zerpflücken.

2 Den Essig, Salz, Pfeffer und das Olivenöl in eine Salatschüssel geben und miteinander verquirlen. Die vorbereiteten Zutaten dazugeben und alles mischen. Die Petersilie waschen und trocken schütteln, die Blätter abzupfen, fein schneiden und unter den Salat heben. Das Selleriegrün ebenfalls fein schneiden und unterheben. Den Bohnensalat mit Salz und Pfeffer abschmecken und nach Belieben mit einer längs in dünne Streifen geschnittenen Selleriestange anrichten. Dazu passen Grissini oder Ciabatta.

Mein Tipp • Weiße Bohnen in der Dose bekommt man in unterschiedlichen Größen – von den Mini-Sorten über die mittelgroßen Cannellini-Bohnen bis hin zu weißen Riesenbohnen mit 3 bis 4 cm Länge. Eine preiswerte Alternative sind getrocknete Bohnen. Man muss sie jedoch über Nacht in kaltem Wasser einweichen und kocht sie dann in ungesalzenem Wasser mit Knoblauch, Salbei und Rosmarin bissfest.

Feldsalat
mit Himbeer-Walnuss-Vinaigrette

Zutaten für 4 Personen

40 g Walnusskerne

150 g Feldsalat

100 g Himbeeren

2 EL milder Essig (z. B. Trocken-
beerenausleseessig oder
Himbeeressig)

1 TL Senf

1 TL Honig

Meersalz

Pfeffer aus der Mühle

3 EL Olivenöl

2 EL Walnuss- oder
Haselnussöl

1 Die Walnüsse in einer Pfanne ohne Fett anrösten. Herausnehmen, etwas abkühlen lassen und grob hacken. Den Feldsalat putzen, waschen und trocken schleudern. Die Himbeeren vorsichtig waschen und auf Küchenpapier abtropfen lassen.

2 Den Essig mit Senf, Honig, Salz, Pfeffer und den beiden Ölen verrühren. Den Feldsalat und die Walnüsse in eine Schüssel geben und mit der Vinaigrette mischen. Die Himbeeren vorsichtig unterheben. Dazu passt in Olivenöl knusprig gebratenes Baguette.

Variationen:

Für **Feldsalat mit Apfel-Thymian-Vinaigrette** statt der Himbeeren 1 Apfel nehmen und in Spalten schneiden. In heißer Butter mit einigen Thymianblättchen kurz anbraten. Die lauwarmen Apfelspalten mit dem Salat und der Vinaigrette mischen und mit gerösteten Haselnüssen anstelle der Walnüsse bestreuen. Dazu passen kurz gebratene Rehmedaillons.

Für **Feldsalat mit Birnen-Pinienkern-Vinaigrette** statt der Himbeeren 1 Birne verwenden und in Spalten schneiden. Die Birnenspalten mit dem Salat und der Vinaigrette mischen und mit gerösteten Pinienkernen anstelle der Walnüsse bestreuen. 150 g Gorgonzola in Stückchen zerteilen und unterheben.

Für **Feldsalat mit Forellenfilets und Weintrauben-Vinaigrette** statt der Himbeeren 150 g Weintrauben nehmen und halbieren. Die Vinaigrette mit Traubenkernöl anstelle von Nussöl zubereiten. Die Trauben mit dem Salat und der Vinaigrette mischen. 2 geräucherte Forellenfilets in mundgerechte Stücke zerteilen und unterheben. Die Walnüsse weglassen.

Mein Tipp • Feldsalat wird auch Rapunzel-, Nüssli-, Acker- oder Vogerlsalat genannt und gehört zu den gesündesten Salaten überhaupt. Weil sich in den Blattrosetten oft viel Sand versteckt, sollte man sie in stehendem Wasser mehrmals waschen. Damit die Rosetten auch nach dem Putzen schön zusammenhalten, knipse ich die Wurzeln ganz knapp mit den Fingern oder einem Messer ab.

Sellerie-Apfel-Salat
mit Haselnüssen

Zutaten für 4 Personen

30 g gehobelte Haselnüsse
300 g Knollensellerie
2 säuerliche Äpfel
etwas Zitronensaft
150 g Sahnejoghurt
1–2 EL Milch (oder Sahne)
Meersalz
Pfeffer aus der Mühle

1 Die Haselnussblättchen in einer Pfanne ohne Fett goldbraun rösten. Den Sellerie putzen, schälen, waschen und in Spalten schneiden. Die Äpfel vierteln, schälen und die Kerngehäuse entfernen. Den Sellerie und die Äpfel auf dem Gemüsehobel in schmale Streifen hobeln, mischen und sofort mit Zitronensaft beträufeln.

2 Den Joghurt mit der Milch, Salz und Pfeffer in eine Salatschüssel geben, verrühren und mit den Gemüsestreifen mischen. Die Haselnüsse unterheben und den Salat mit Salz, Pfeffer und Zitronensaft abschmecken. Den Sellerie-Apfel-Salat nach Belieben auf Salatblättern anrichten. Dazu passt Baguette.

Möhren-Orangen-Salat
mit Koriander und rosa Pfefferbeeren

Zutaten für 4 Personen

1 unbehandelte Orange
je ¼ TL Kreuzkümmelsamen
und Korianderkörner
2 EL Zitronensaft
Meersalz
Pfeffer aus der Mühle
1 TL flüssiger Honig
4 EL Olivenöl
2 große dicke Möhren
(à ca. 200 g)
1 Handvoll Korianderblätter
1 TL rosa Pfefferbeeren

1 Die Orange heiß waschen, trocken reiben und die Schale fein abreiben. Die Orange so großzügig schälen, dass auch die weiße Haut entfernt wird. Mit einem scharfen Messer die Fruchtfilets zwischen den Trennhäuten herausschneiden, dabei den abtropfenden Saft auffangen. Die Kreuzkümmelsamen und die Korianderkörner im Mörser fein zerstoßen. Den Orangen- und Zitronensaft mit Salz, den Gewürzen, dem Honig und dem Olivenöl verquirlen.

2 Die Möhren putzen, schälen und mit dem Sparschäler längs in hauchdünne Scheiben hobeln. In einer Schüssel mit dem Orangendressing mischen. Den Koriander waschen und trocken schütteln, grob schneiden und mit den Orangenfilets unter die Möhren heben. Den Möhrensalat mit den Pfefferbeeren bestreuen und nach Belieben mit Weißbrot servieren.

Mein Tipp • Auch mit grob geraspelten Möhren ist der knackig-fruchtige Salat ein Genuss. Ich variiere das Aroma ab und zu und ersetze den Koriander durch Basilikum und die zerstoßenen Gewürze durch schwarze Oliven.

Krabben-Radieschen-Salat
mit Frühlingszwiebel und Dill

Zutaten für 4 Personen

1 Bund Radieschen

1 Frühlingszwiebel

einige Stiele Dill

1–2 TL milder Weißweinessig

Meersalz

Pfeffer aus der Mühle

2 EL Rapsöl

150 g Nordseekrabben

(küchenfertig)

1 Die Radieschen putzen, waschen und in Scheiben schneiden. Die Frühlingszwiebel putzen, waschen und in feine Ringe schneiden. Den Dill waschen, trocken schütteln, die Spitzen abzupfen und fein schneiden.

2 Den Essig, Salz, Pfeffer und das Öl in einer Salatschüssel verrühren. Mit den Krabben mischen. Radieschen, Frühlingszwiebelringe und Dill dazugeben und untermischen. Den Salat mit Salz und Pfeffer abschmecken und nach Belieben auf Salatblättern oder in Gläsern anrichten. Dazu passt Weißbrot.

Mein Tipp • Ich bereite den Salat auch gerne mal mit einer Mini-Gurke (in feine Würfel geschnitten) anstelle der Frühlingszwiebel zu.

Roh marinierter Spargel
mit Parmaschinken

Zutaten für 4 Personen

600 g grüner Spargel

ca. 3 EL Zitronensaft

Meersalz

Pfeffer aus der Mühle

6 EL Olivenöl

einige schöne Salatblätter

8 dünne Scheiben Parmaschinken

3–4 EL gehobelter Parmesan

1 Den Spargel waschen und die Enden abbrechen. Die Stangen auf dem Gemüsehobel in feine Scheiben hobeln. Den Zitronensaft, Salz, Pfeffer und das Olivenöl in einer Schüssel verrühren, die Spargelscheiben dazugeben und alles vermischen. Mit Salz, Pfeffer und nach Belieben mit Zitronensaft abschmecken.

2 Die Salatblätter waschen, trocken tupfen und nach Belieben zerpflücken. Den marinierten Spargel in Portionsschalen oder Gläser verteilen. Den Parmaschinken als »Rosen« daraufsetzen. Den Spargel mit dem Salat garnieren und mit den Parmesanspänen bestreuen. Dazu passt Ciabatta.

Mein Tipp • Für viele ist es ungewöhnlich, Spargel roh zu essen. Aber gerade grüner Spargel eignet sich hervorragend dafür. Er schmeckt leicht nussig und verleiht gemischten Salaten einen schönen Biss. Im Gegensatz zu weißem Spargel muss er nicht geschält werden und ist im Nu zubereitet.

Jakobsmuscheln in Lardo
mit Steinpilzen

Zutaten für 4 Personen

2 große Steinpilze

2 Zweige Thymian

20 g Butter

Meersalz

Pfeffer aus der Mühle

etwas alter Aceto balsamico

8 Jakobsmuscheln (ausgelöst)

1 EL Olivenöl

8 sehr dünne Scheiben Lardo
(ital. fetter Speck)

1 Die Pilze putzen, mit leicht angefeuchtetem Küchenpapier vorsichtig abreiben und in Scheiben schneiden. Den Thymian waschen und trocken schütteln. Die Butter in einer Pfanne erhitzen und die Pilze darin mit den Thymianzweigen auf beiden Seiten je 1 bis 2 Minuten braten. Mit Salz und Pfeffer würzen, mit Essig abschmecken und auf vorgewärmte Teller verteilen.

2 Die Jakobsmuscheln trocken tupfen. Das Olivenöl in der Pfanne erhitzen und die Muscheln darin auf beiden Seiten je etwa 1 Minute anbraten. Herausnehmen, jeweils mit 1 Scheibe Lardo umwickeln und die Muscheln auf beiden Seiten nochmals kurz braten, bis der Lardo schmilzt. Die Jakobsmuscheln auf den Pilzen anrichten. Dazu passt Baguette.

Variation:

Für **Riesengarnelen mit Lardo** anstelle von Jakobsmuscheln 8 Riesengarnelen (à 60 bis 80 g) verwenden. Die Garnelen (roh, mit Schale) bis auf den Schwanzfächer schälen, auf der Oberseite längs etwas einschneiden und den Darm entfernen. Die Garnelen waschen und gut trocken tupfen. Etwa 2 Minuten in Olivenöl anbraten, dann mit dem Lardo umwickeln und nochmals ganz kurz auf beiden Seiten braten.

Mein Tipp • Am besten schmeckt dieses Gericht mit dem Original Lardo di Colonnata, einem delikaten weißen Rückenspeck aus der Toskana, der mit vielen Kräutern und Gewürzen mehrere Monate in Marmorbehältern reift. In hauchdünne Scheiben geschnitten, zergeht er wirklich auf der Zunge. Sie bekommen ihn im italienischen Feinkosthandel und in Delikatessengeschäften.

Lachstartar im Reisblatt
mit Limetten-Sojasauce

Zutaten für 4 Personen

4 Reispapierblätter

200 g Lachsfilet (ohne Haut)

1 unbehandelte Limette

1 TL Wasabipaste (japan. Meerrettich)

Meersalz

1 Stück Salatgurke (ca. 150 g)

2 Frühlingszwiebeln

1 EL helle Sesamsamen

100 ml Sojasauce

1 Die Reispapierblätter in kaltem Wasser etwa 5 Minuten einweichen. Den Lachs waschen, trocken tupfen und in feine Würfel schneiden. Die Limette heiß waschen und trocken reiben, die Schale fein abreiben und den Saft auspressen. Die Lachswürfel mit dem Wasabi und etwas Limettenschale vermischen. Mit Salz und 1 Spritzer Limettensaft würzen.

2 Die Gurke schälen und längs halbieren, entkernen und in feine Scheiben schneiden. Die Frühlingszwiebeln putzen, waschen und in Streifen schneiden. Den Sesam in einer Pfanne ohne Fett goldbraun rösten.

3 Die Reispapierblätter abtropfen lassen und nebeneinander auf feuchte Küchentücher legen. Den Lachs, die Gurke und die Frühlingszwiebeln darauf verteilen und fest aufrollen. Die Rollen halbieren und mit Sesam bestreuen. Die Sojasauce mit etwas Limettensaft und Limettenschale verrühren und dazu servieren.

Lachs-Pescaccio
mit Kräutern und Zitronen-Olivenöl

Zutaten für 4 Personen

2 Frühlingszwiebeln
1 unbehandelte Zitrone
5 EL Zitronen-Olivenöl
1 TL rosa Pfefferbeeren
250 g Lachsfilet
Salt flakes (Meersalzflocken)
Pfeffer aus der Mühle
2 Handvoll gemischte Kräuterblätter
und Baby-Salatblätter

1 Die Frühlingszwiebeln putzen, waschen und in feine Ringe schneiden. Die Zitrone heiß waschen und trocken reiben, die Schale fein abreiben und den Saft auspressen. Die Zitronenschale, 3 EL Zitronensaft, das Zitronen-Olivenöl und die Pfefferbeeren in einer Schüssel verrühren.

2 Das Lachsfilet trocken tupfen und in sehr dünne Scheiben schneiden. Vier Teller mit etwas Zitronenmarinade bestreichen und die Lachsscheiben darauf auslegen. Mit Marinade bestreichen und mit Salt flakes, Pfeffer und den Frühlingszwiebeln bestreuen.

3 Die Kräuter- und Salatblätter waschen und trocken tupfen. Mit der restlichen Marinade in einer Schüssel mischen und auf dem Lachs verteilen. Den Salat ebenfalls mit Salt flakes bestreuen. Dazu passt Weißbrot.

Mein Tipp • Pescaccio nennt man die marinierten rohen Fischscheiben (Pesce heißt Fisch auf Italienisch) in Anlehnung an das beliebte Carpaccio – mariniertes rohes Fleisch. Der Fisch für ein Pescaccio muss superfrisch und makellos sein, genauso wie das Fleisch für ein Carpaccio.

Dreierlei Shooter
mit Tomaten, Krabben und Mozzarella

Zutaten für je 4 Personen
Gazpacho-Shooter:

60 g Weißbrot (vom Vortag)

600 g reife Tomaten

250 g Salatgurke

100 g gegrillte Paprikaschoten
(aus dem Glas)

Meersalz

Piment d'Espelette (oder
Cayennepfeffer)

1 Spritzer Sherryessig

5 EL Olivenöl

4 sehr dünne Scheiben
Baguette

1 Knoblauchzehe

1 Für den **Gazpacho-Shooter** vom Weißbrot die Rinde entfernen, das Innere zerpflücken und mit 100 ml Wasser beträufeln. Die Tomaten – bis auf 2 Stück – waschen und halbieren, in grobe Würfel schneiden und dabei die Stielansätze entfernen. Die Gurke schälen und in Stücke schneiden. Die Paprika abtropfen lassen und in grobe Stücke schneiden.

2 Das Weißbrot, die Tomatenwürfel, die Gurke und die Paprika im Mixer oder mit dem Stabmixer fein pürieren. Die Gazpacho mit Salz, Piment d'Espelette und Essig würzen und 3 EL Olivenöl unterrühren. Bis zum Servieren kalt stellen.

3 Kurz vor dem Servieren in einer Pfanne das restliche Olivenöl erhitzen und die Brotscheiben darin auf beiden Seiten knusprig braten. Die Knoblauchzehe längs halbieren und die Brote damit einreiben. Die restlichen Tomaten waschen, halbieren und mit der Schnittfläche über die Brote reiben, sodass etwas Fruchtfleisch daran haften bleibt. Den Gazpacho-Shooter in eiskalte Gläser füllen und die Tomaten-Crostini dazu servieren.

Gurken-Shooter mit Krabben:

400 g Salatgurke · Meersalz

100 ml Gemüsebrühe

100 g Sahnejoghurt

Pfeffer aus der Mühle

1 Spritzer Limettensaft

2–3 Stiele Dill

4 TL Crème fraîche

50 g Nordseekrabben

1 Für den **Gurken-Shooter** die Gurke schälen und in Stücke schneiden. Mit Salz bestreuen und etwas Wasser ziehen lassen. Die Gurke mit der Brühe und dem Joghurt in einem Rührbecher mit dem Stabmixer fein pürieren. Mit Salz, Pfeffer und Limettensaft abschmecken.

2 Den Dill waschen und trocken schütteln, die Spitzen abzupfen und fein schneiden. Die Crème fraîche mit dem Dill verrühren und mit Salz und Pfeffer würzen. Die Gurkensuppe in vier eisgekühlte Gläser verteilen. Die Dillcreme und die Krabben auf dem Gurken-Shooter verteilen. Nach Belieben mit Chilifäden garnieren.

Tomaten-Mozzarella-Shooter:

6 Mini-Mozzarellakugeln

8 Kirschtomaten

12 Basilikumblätter

600 ml Tomatensaft

½ TL Chiliflocken

2 EL Olivenöl · Meersalz

Worcestershiresauce

1 Für den **Tomaten-Mozzarella-Shooter** die Mozzarellakugeln abtropfen lassen und halbieren. Die Kirschtomaten waschen. Die Basilikumblätter waschen und trocken tupfen. Die Tomaten abwechselnd mit Mozzarellahälften und Basilikumblättern auf vier Holzspieße stecken.

2 Den Tomatensaft mit Chiliflocken, Olivenöl und Eiswürfeln in einen Barshaker geben und schütteln. Mit Salz und Worcestershiresauce abschmecken. Den Tomaten-Shooter in eisgekühlte Longdrinkgläser abgießen und mit den Mozzarellaspießen servieren. Nach Belieben mit Basilikumblättern garnieren.

Kartoffel-Shooter
mit Schinken-Grissini

Zutaten für 4–6 Personen

250 g vorwiegend festkochende
Kartoffeln
2 Schalotten · 40 g Butter
Meersalz · Pfeffer aus der Mühle
½ l Geflügelfond (aus dem Glas)
50 g Sahne
frisch geriebene Muskatnuss
etwas Zitronensaft
4–6 dünne Scheiben Parmaschinken
4–6 Grissini

1 Die Kartoffeln schälen, waschen und in große Würfel schneiden. Die Schalotten schälen und in feine Würfel schneiden.

2 In einem Topf die Butter zerlassen und die Schalotten darin andünsten. Die Kartoffeln dazugeben, kurz mitdünsten und mit Salz und Pfeffer würzen. Den Fond angießen, aufkochen und etwa 15 Minuten köcheln lassen. Die Kartoffeln im Fond mit dem Stabmixer pürieren, die Sahne unterrühren und den Shooter mit Salz, Pfeffer, Muskatnuss und Zitronensaft würzen.

3 Den Parmaschinken um die Grissini wickeln. Den Kartoffel-Shooter in Gläser verteilen und mit den Schinken-Grissini anrichten.

Paprikasuppe
mit knuspriger Chorizo

Zutaten für 4 Personen

4 rote Paprikaschoten

2 Schalotten

1 Knoblauchzehe

100 g Chorizo (span. Paprikawurst)

2 EL Olivenöl

Meersalz

Piment d' Espelette

(oder Cayennepfeffer)

400 ml Gemüsebrühe oder -fond

ca. 200 ml Tomatensaft

Zucker

1 Die Paprikaschoten längs vierteln, entkernen, waschen und in Würfel schneiden. Die Schalotten und den Knoblauch schälen und in Würfel schneiden.

2 Die Chorizo in Scheiben schneiden. Das Olivenöl in einem Topf erhitzen und die Chorizo darin knusprig anbraten. Herausnehmen und im Bratfett die Schalotten, den Knoblauch und die Paprika einige Minuten andünsten. Mit Salz und Piment d' Espelette würzen. Die Gemüsebrühe angießen, aufkochen und 10 Minuten köcheln lassen.

3 Das Gemüse in der Brühe mit dem Stabmixer pürieren. Mit dem Tomatensaft zur gewünschten Konsistenz auffüllen und die Suppe nochmals erhitzen. Mit Salz, 1 Prise Zucker und Piment d' Espelette abschmecken. Die Paprikasuppe in Schälchen oder Suppenteller geben und die Chorizo darauf verteilen. Dazu passt frisches Baguette.

Mein Tipp • Einen besonders kräftigen Geschmack bekommt die Suppe, wenn man neben frischen Paprikaschoten auch noch ein paar gegrillte Paprikaschoten aus dem Glas mitpüriert. Ich verwende dafür am liebsten spanische Pimientos del Piquillo oder Peperoni grigliati aus Italien.

Erbsen-Minze-Süppchen
mit Crème fraîche

Zutaten für 4 Personen

100 ml trockener Wermut
(z. B. Noilly Prat)
600 ml Gemüsebrühe
500 g Erbsen (tiefgekühlt)
2 EL Crème fraîche
Meersalz
Pfeffer aus der Mühle
1–2 Stiele Minze

1 Den Wermut und die Brühe in einen Topf geben und aufkochen lassen. Die Erbsen hinzufügen und 10 Minuten köcheln lassen. Mit dem Stabmixer fein pürieren, die Crème fraîche unterrühren und die Suppe mit Salz und Pfeffer würzen.

2 Die Minze waschen und trocken schütteln, die Blätter abzupfen, fein schneiden und in die Suppe geben. Als Einlage in das Erbsen-Minze-Süppchen passen Croûtons, Krabben oder Schinkenwürfel.

Kürbis-Orangen-Suppe
mit Ingwer und Kürbiskernen

Zutaten für 4 Personen

1 unbehandelte Orange
1 kg Muskatkürbis
1 Schalotte
10 g Ingwer
3 EL Rapsöl
1 TL brauner Zucker
einige Zweige Thymian
Meersalz
Cayennepfeffer
700 ml Gemüsebrühe
2 EL Kürbiskerne
frisch geriebene Muskatnuss

1 Die Orange heiß waschen und trocken reiben. Etwa ein Viertel der Schale in feinen Zesten abziehen und den Saft auspressen. Den Kürbis schälen, entkernen und das Fruchtfleisch in Würfel schneiden. Die Schalotte und den Ingwer schälen und in feine Würfel schneiden. Das Öl in einem Topf erhitzen und die Schalotte, den Ingwer und die Kürbiswürfel darin anbraten. ½ TL Orangenzesten dazugeben, den Zucker darüberstreuen und etwas karamellisieren.

2 Den Thymian waschen und trocken schütteln. Den Kürbis mit Salz und Cayennepfeffer würzen, mit dem Orangensaft ablöschen, den Thymian hinzufügen und die Brühe angießen. Aufkochen und etwa 20 Minuten köcheln lassen.

3 Die Kürbiskerne in einer Pfanne ohne Fett anrösten. Den Thymian aus der Suppe entfernen, die Suppe mit dem Stabmixer fein pürieren und mit Salz, Zucker, Cayennepfeffer und Muskatnuss abschmecken. Mit gerösteten Kürbiskernen und mit Orangenzesten anrichten. Dazu passt Weißbrot.

Rote Linsensuppe
mit Gewürzjoghurt

Zutaten für 4 Personen

1 Gemüsezwiebel

1 Knoblauchzehe

3 EL Olivenöl

Meersalz

1 TL Paprikapulver (edelsüß)

2 EL Tomatenmark

1 l Gemüsebrühe

200 g rote Linsen

200 g Kichererbsen (aus der Dose; Abtropfgewicht)

je ½ Bund Dill und Petersilie

2 Stiele Minze

200 g Sahnejoghurt (10 % Fett)

je 1 Msp. gemahlener Kreuzkümmel und Koriander

Cayennepfeffer

1 Die Zwiebel und den Knoblauch schälen und in feine Würfel schneiden. Das Olivenöl in einem Topf erhitzen und die Zwiebel und den Knoblauch darin andünsten. Mit etwas Salz würzen, das Paprikapulver und das Tomatenmark unterrühren und kurz mitdünsten. Die Brühe angießen und zum Kochen bringen. Die Linsen unterrühren und die Suppe 15 Minuten köcheln lassen. Die Kichererbsen abtropfen lassen, dazugeben und alles 5 Minuten weitergaren.

2 Die Kräuter waschen und trocken schütteln, die Spitzen bzw. Blätter abzupfen und fein schneiden. Den Joghurt mit der Minze verrühren. Den Kreuzkümmel und den Koriander unterrühren und den Joghurt mit Salz abschmecken.

3 Den Dill und die Petersilie in die Suppe geben und mit Salz und Cayennepfeffer abschmecken. Die Linsensuppe mit dem Gewürzjoghurt anrichten. Dazu passt knusprig geröstetes Fladenbrot.

Mein Tipp • Noch aromatischer schmeckt der Gewürzjoghurt, wenn man dafür ganze Gewürze verwendet: Die Kreuzkümmelsamen und Korianderkörner in einer Pfanne ohne Fett rösten, bis sie duften. Herausnehmen, etwas abkühlen lassen und im Mörser fein zerstoßen.

Geflügel-Tramezzini
mit Kräuter-Mayonnaise

Zutaten für 4 Personen

½ Bund Kerbel

2–3 Stiele Basilikum

8 EL Mayonnaise (selbst
gemacht oder Fertigprodukt)

Meersalz

½ TL Currypulver

etwas dünn abgeriebene
unbehandelte Zitronenschale

1 Spritzer Zitronensaft

2 Hähnchenbrustfilets (gegart;
à ca. 150 g)

1 Mini-Romanasalat

4 Scheiben Tramezzinibrot
(siehe Tipp) oder 8 Scheiben
Sandwichbrot

1 Den Kerbel und das Basilikum waschen und trocken schütteln, die Blätter abzupfen und fein schneiden. Die Mayonnaise mit den Kräuterblättern verrühren und mit Salz, Currypulver, Zitronenschale und -saft abschmecken. Die Hähnchenbrust in kleine Stücke zupfen.

2 Den Salat putzen, waschen und trocken schleudern. Die Salatblätter in dünne Streifen schneiden. Die Brotscheiben auf die Arbeitsfläche legen (vom Sandwichbrot vorher die Rinde entfernen) und dünn mit Mayonnaise bestreichen. Die restliche Mayonnaise mit dem Hähnchenfleisch mischen.

3 Auf der Hälfte der Brotscheiben die Hälfte der Salatstreifen und das Fleisch verteilen, dabei rundum einen kleinen Rand freilassen. Den restlichen Salat daraufgeben und die restlichen bestrichenen Brotscheiben darauflegen. Die Ränder andrücken und die Tramezzinibrote erst quer, dann diagonal halbieren (die Sandwichbrote nur diagonal halbieren). Die Dreiecke jeweils in Papierservietten oder Butterbrotpapier einschlagen.

Variationen:

Die dick belegten dreieckigen Brote kann man in Italien an jeder Ecke kaufen. Sie sind eine perfekte Zwischenmahlzeit und ideal zum Mitnehmen an den Arbeitsplatz oder für ein Picknick.

Für **Tramezzini mit Ei** die Brote mit 300 g Nordseekrabbensalat, 1 hartgekochtem, gehacktem Ei und Kresse belegen.

Für **Tramezzini mit Lachs** die Brote mit 150 g Crème fraîche (verrührt mit 2–3 TL geriebenem Meerrettich und etwas Dill), 1 Handvoll kleingezupftem Rucola und 200 g in Streifen geschnittenem Räucherlachs belegen.

Für **Tramezzini mit Thunfisch** die Brote mit 150 g Salatcreme (verrührt mit 100 g Thunfisch und 1 EL kleinen Kapern), 4 in Scheiben geschnittenen Tomaten und 1 in Streifen geschnittenem Mini-Römersalat belegen.

Mein Tipp • Tramezzinibrot bekommen Sie in italienischen Feinkostläden und gut sortierten Supermärkten. Das feinporige weiche Weißbrot hat keine Rinde und wird abgepackt in langen Rechteckscheiben angeboten.

Vegetarische
Gerichte

Komplett auf Fisch und Fleisch verzichten könnte ich wohl nicht. Aber es zwischendurch immer mal wieder zu tun ist eine gute Sache – für uns und unsere Umwelt. In diesem Kapitel will ich Ihnen beweisen, dass vegetarisches Essen überhaupt nicht langweilig ist und schon gar nicht aufwendig. Und natürlich tanken Sie mit frischem Gemüse jede Menge Vitamine und Mineralstoffe. Da bleiben eigentlich keine Wünsche mehr offen, oder?

Gemüse schnell aufgetischt

Die Gemüsewelt ist bunt und vielfältig. Da gibt es Sorten wie Blattspinat, die nur ein paar Minuten benötigen, um gar zu sein, andere Gemüse brauchen schon mal 1 bis 1 ½ Stunden – zum Beispiel Kartoffeln oder Rote Bete, die man im Ganzen im Ofen gart. Sie merken schon: Es kommt auf die Konsistenz und natürlich auf die Größe des Garguts an. Je kleiner und dünner, desto schneller. Deshalb gebe ich hier ein paar Tipps für interessante Schnitttechniken. Außerdem zeige ich Ihnen, wie Gemüse im eigenen Saft gart und wie man mit ein paar Eiern und etwas Gemüse ganz entspannt eine Hauptmahlzeit zubereitet.

Scheiben und Streifen

Nur gleich groß geschnittenes Gemüse gart gleichmäßig. Natürlich kann man alles sorgfältig mit der Hand schneiden. Schneller geht es aber mit einem Gemüsehobel, der auswechselbare Einsätze hat.

Der Julienne-Einsatz schneidet dünne Stifte für Wokgerichte, Salate und Suppen.

Mit einem höhenverstellbaren Einsatz schneidet man im Nu Scheiben – von hauchdünn bis dick.

Für dickere Stifte hobelt man erst dicke Scheiben und schneidet diese dann von Hand weiter.

Wichtig: Wer kleinere Stücke verarbeitet, sollte unbedingt einen Handschutz verwenden.

Schonend garen

Knackiges Gemüse wie Möhren, Sellerie oder Kohlrabi kann man wunderbar im eigenen Saft garen. Das schont die Vitamine, die sich sonst meist im Kochwasser verflüchtigen, und unterstützt das Aroma.

Das Gemüse putzen, waschen, schälen und in gleichmäßige Würfel, Stifte oder Scheiben schneiden.

In Butter andünsten, mit etwas Zucker bestreuen und bei mittlerer Hitze bissfest garen.

Ab und zu rütteln, zwischendurch immer etwas Wasser oder Fond angießen. Würzen.

Hauptmahlzeit im Handumdrehen

Alles aus einer Pfanne – praktischer geht es nicht. Und Gemüse, Ei und Käse hat man eigentlich immer im Haus. Eine Frittata ist also das ideale Gericht für Spontanköche. Für 4 Personen brauchen Sie 500 g Gemüse mit kurzer Garzeit (z.B. Pilze, Zucchini, Erbsen, Spinat), 6 Eier und 60 g Parmesan.

Das Gemüse klein schneiden, in einer ofenfesten Pfanne in 3 EL Olivenöl anbraten und würzen.

Die Eier und den geriebenen Käse verquirlen und mit Salz, Pfeffer und Muskatnuss kräftig würzen.

Die Eier-Käse-Mischung über das Gemüse gießen und im auf 140 °C vorgeheizten Backofen auf der mittleren Schiene etwa 15 Minuten stocken lassen.

Kräutersalat
mit gegrillter Wassermelone und Feta

Zutaten für 4 Personen

100 g Baby-Salatblätter
je 1 Bund Petersilie und
Basilikum
2 EL Sherryessig
Meersalz
Pfeffer aus der Mühle
1 TL Senf
4 EL Olivenöl
600 g Wassermelonen-
fruchtfleisch
200 g Feta (Schafskäse)
einige Stiele Minze
½ TL Chiliflocken

1 Den Salat putzen, waschen und trocken schleudern. Die Petersilie und das Basilikum waschen und trocken schütteln, die Blätter abzupfen, grob schneiden und mit dem Salat mischen. Den Essig mit Salz, Pfeffer, Senf und Olivenöl verrühren.

2 Das Melonenfruchtfleisch entkernen und in Scheiben schneiden. Den Feta in Stücke schneiden.

3 Eine Grillpfanne erhitzen und die Melonenscheiben darin auf jeder Seite kurz und kräftig grillen. Auf Teller geben und den Feta darauf verteilen. Die Minze waschen und trocken schütteln, die Blätter abzupfen und mit den Chiliflocken über den Feta und die Melone streuen. Nach Belieben einige Salt flakes (Meersalzflocken) und etwas Olivenöl darübergeben. Den Salat mit dem Dressing mischen, mit Salz und Pfeffer abschmecken und auf den Melonenscheiben anrichten. Dazu passt Weißbrot.

Mein Tipp • Bei diesem Kräutersalat experimentiere ich gerne und kombiniere alles, was ich auf dem Markt finde – Zitronenmelisse, Dill, Estragon, Kerbel, aber auch Sauerampfer, Löwenzahn oder Bärlauch. Besonders schön sieht der Salat aus, wenn Sie ihn mit essbaren Blüten wie Stiefmütterchen, Gänseblümchen oder Ringelblumen garnieren.

Brennnesselsuppe
mit Parmesan-Crostini

Zutaten für 4 Personen

300 g Brennnessel- oder
Petersilienblätter

1 l Öl zum Frittieren

2 Schalotten

80 g zimmerwarme Butter

100 ml Weißwein · 200 g Sahne

800 ml Gemüsefond oder -brühe

8 dünne Scheiben Baguette

2 EL Olivenöl

30 g geriebener Parmesan

Meersalz · Pfeffer aus der Mühle

frisch geriebene Muskatnuss

1 Die Brennnesselblätter waschen und gut trocken tupfen. Das Öl in einem Topf erhitzen und die Blätter darin knusprig frittieren. Mit dem Schaumlöffel herausheben und auf Küchenpapier abtropfen lassen.

2 Die Schalotten schälen und in feine Würfel schneiden. 20 g Butter in einem Topf erhitzen und die Schalotten darin andünsten. Den Wein angießen und etwas einkochen lassen. Die Sahne und den Fond dazugeben und die Suppe um etwa ein Drittel einkochen lassen.

3 Den Backofengrill einschalten. Die Brotscheiben auf ein Backblech legen, mit Olivenöl beträufeln und mit Parmesan bestreuen. Im Ofen auf der mittleren Schiene kurz überbacken. Die Brennnesselblätter zerbröseln und mit der übrigen Butter verkneten. Die Suppe vom Herd nehmen, die Brennnesselbutter portionsweise unterrühren. Mit Salz, Pfeffer und Muskatnuss abschmecken und mit den Parmesan-Crostini servieren.

Gebackene Rote Bete

mit Kürbiskern-Vinaigrette

Zutaten für 4 Personen

½ Bund Thymian

40 g geriebener Parmesan

8 kleine Rote Beten (à ca. 80 g;
gekocht und geschält)

8 Ziegenfrischkäsetaler (à ca. 20 g)

3 EL Olivenöl

30 g Kürbiskerne

2 EL Aceto balsamico

Meersalz

Pfeffer aus der Mühle

1 EL Kürbiskernöl

3 EL Raps- oder Traubenkernöl

einige Stiele Petersilie

1 Den Backofen auf 180 °C vorheizen. Den Thymian waschen und trocken schütteln, die Blätter abzupfen, grob hacken und mit dem Parmesan mischen. Die Roten Beten je zweimal quer durchschneiden, sodass 3 Scheiben entstehen. Die Ziegenfrischkäse einmal quer durchschneiden.

2 Eine ofenfeste Form mit 1 EL Olivenöl ausstreichen. Jeweils die untersten Scheiben der Roten Beten in die Form setzen. Die Ziegenkäsescheiben mit beiden Seiten in die Parmesanmischung drücken, je 1 Scheibe auf die Roten Beten setzen. Die mittleren Rote-Bete-Scheiben und je 1 weitere Ziegenkäsescheibe darauflegen und mit den obersten Rote-Bete-Scheiben abdecken. Alles mit der restlichen Parmesanmischung bestreuen und mit dem übrigen Olivenöl beträufeln. Die Roten Beten im Backofen auf der mittleren Schiene etwa 10 Minuten backen.

3 Die Kürbiskerne in einer Pfanne ohne Fett rösten, bis sie duften. Den Essig, Salz, Pfeffer und die restlichen Öle verrühren. Die Kürbiskerne untermischen. Die Petersilie waschen und trocken schütteln, die Blätter abzupfen und fein schneiden.

4 Die Roten Beten aus dem Ofen nehmen und auf Teller verteilen. Mit der Kürbiskern-Vinaigrette beträufeln und mit Pfeffer und der Petersilie bestreuen. Dazu passt Feldsalat.

Mein Tipp • Dieses Gericht bereite

ich auch gerne als Gratin zu. Dafür schichte ich Rote-Bete- und Ziegenfrischkäsescheiben dachziegelartig in eine ofenfeste Form, streue die Parmesan-Thymian-Mischung darüber und überbacke das Ganze im Ofen.

Steinpilz-Tomaten-Suppe
(Aqua cotta)

Zutaten für 4 Personen

400 g Steinpilze (oder
andere Pilze)

6 EL Olivenöl

Meersalz

Pfeffer aus der Mühle

2 Fleischtomaten (ca. 600 g)

2 Schalotten

1 Knoblauchzehe

2–3 Stiele Majoran

800 ml Gemüsefond
oder -brühe

8 Scheiben Ciabatta

½ Bund Schnittlauch

60 g geriebener Parmesan

1 Die Pilze putzen, mit leicht angefeuchtetem Küchenpapier vorsichtig abreiben und in Scheiben schneiden. In einer Pfanne 2 EL Olivenöl erhitzen und die Pilze darin 2 bis 3 Minuten anbraten. Mit Salz und Pfeffer würzen und die Pfanne beiseitestellen.

2 Die Stielansätze der Tomaten herausschneiden. Die Tomaten kurz in kochendes Wasser tauchen, kalt abschrecken, häuten, vierteln und grob hacken. Die Schalotten und den Knoblauch schälen und in feine Würfel schneiden.

3 In einem Topf 2 EL Olivenöl erhitzen und die Schalotten darin andünsten. Den Knoblauch hinzufügen, die Tomaten unterrühren und mit Salz und Pfeffer würzen. Kurz mitdünsten. Den Majoran waschen, trocken schütteln und dazugeben. Den Fond angießen und 10 Minuten köcheln lassen. Die Pilze unterrühren und 5 Minuten mitköcheln lassen.

4 Den Backofen auf 180 °C vorheizen. Die Brote auf ein Backblech legen, mit dem restlichen Olivenöl beträufeln und im Backofen auf der mittleren Schiene knusprig braten. Die Suppe mit Salz, Pfeffer und nach Belieben mit etwas Olivenöl abschmecken. Den Schnittlauch waschen und trocken schütteln, in Röllchen schneiden und über die Suppe streuen. Die gerösteten Brote in Suppenteller legen, die Suppe daraufgeben und dick mit Parmesan bestreuen.

Mein Tipp • Aqua cotta bedeutet »gekochtes Wasser« und war, wie viele Klassiker der italienischen Küche, ursprünglich ein Armeleuteessen. In der sparsamsten Version enthielt die Suppe nur Öl, Wasser, Zwiebeln, Kräuter und altes Brot.

Spargel aus dem Ofen
mit Zitronen-Stampfkartoffeln, Ei und Kresse

Zutaten für 4 Personen

4 Eier

1,2 kg weißer Spargel

600 g vorwiegend fest-
kochende Kartoffeln

Meersalz

2 TL Puderzucker

60 g Butter

2 Zitronen (davon 1 unbe-
handelt)

½ Bund Frühlingszwiebeln

2 EL Olivenöl

Pfeffer aus der Mühle

4 EL Zitronensaft

1 EL Ahornsirup

5 EL Traubenkernöl

1 EL Zitronen-Olivenöl

1 kleine Handvoll Brunnenkresse

2 EL Schnittlauchröllchen

1 Den Backofen auf 180 °C vorheizen. Die Eier in kochendem Wasser 9 Minuten garen. Herausnehmen, kalt abschrecken und abkühlen lassen. Den Spargel schälen und die Enden abbrechen. Die Kartoffeln schälen, waschen und in Würfel schneiden. Den Spargel auf einem tiefen Backblech verteilen. Mit Salz und etwas Puderzucker bestreuen. Die Kartoffeln darüber verteilen, salzen und die Butter in kleinen Stücken daraufgeben. Die unbehandelte Zitrone heiß waschen und trocken reiben, die Schale fein abreiben und den Saft auspressen. Zitronensaft und -schale über den Kartoffeln verteilen. Das Blech mit Alufolie verschließen und das Gemüse im Backofen auf der mittleren Schiene etwa 30 Minuten garen.

2 Die Frühlingszwiebeln putzen, waschen und in feine Ringe schneiden. Das Olivenöl in einer Pfanne erhitzen und die Frühlingszwiebeln darin kurz andüns-ten. Mit Salz und Pfeffer würzen und in eine Schüssel geben. Die restliche Zitrone auspressen, 4 EL Saft, den Ahornsirup und die Öle unterrühren. Die Eier pellen, fein hacken und ebenfalls untermischen. Die Brunnenkresse wa-schen und trocken schütteln, die groben Stiele entfernen und die Kresse grob hacken. Unter die Vinaigrette mischen und mit Salz und Pfeffer abschmecken.

3 Das Backblech aus dem Ofen nehmen, die Kartoffeln herausnehmen und in einen Topf geben. Etwas Sud aus der Form dazugießen und die Kartoffeln mit dem Kartoffelstampfer grob zerdrücken. Mit Salz und Pfeffer abschme-cken. Den Spargel auf Teller verteilen, die Eier-Vinaigrette mit dem Schnitt-lauch darübergeben und die Zitronen-Stampfkartoffeln daneben anrichten. Nach Belieben gekochten Schinken dazu servieren.

Mein Tipp • Sie können Spargel auch in Portionspäckchen in Alufolie garen. Dafür vier Bogen Alufolie mit Butter einfetten, den Spargel darauflegen, die Folie darüber einschlagen und mehrmals umknicken. Die Seiten ebenfalls einschlagen. Den Spargel auf ein Backblech legen und im Backofen bei 180 °C etwa 30 Minuten garen.

Zucchini-Pancakes
mit Koriander-Gurken

Zutaten für 4 Personen
Für die Pancakes:

200 g Mehl

1 TL Backpulver

2 Eier

300 ml Milch

Meersalz

Pfeffer aus der Mühle

300 g Zucchini

2 Frühlingszwiebeln

6 EL Olivenöl

1 TL abgeriebene unbehandelte Limettenschale

Für die Koriander-Gurken:

1 Salatgurke

1 grüne Chilischote

1 Handvoll Koriander

2 EL Limettensaft

2 EL Olivenöl

Meersalz

1 Für die Pancakes Mehl und Backpulver in einer Schüssel mischen. 1 Ei trennen, das Eiweiß beiseitestellen. Das Eigelb mit dem ganzen Ei, der Milch, 1 Prise Salz und Pfeffer zum Mehl geben und alles mit den Quirlen des Handrührgeräts zu einem glatten Teig verrühren.

2 Die Zucchini putzen, waschen und grob raspeln. Die Frühlingszwiebeln putzen, waschen und fein schneiden. In einer Pfanne 1 EL Olivenöl erhitzen und die Zucchini darin bei starker Hitze anbraten, bis sie kein Wasser mehr ziehen. Die Frühlingszwiebeln dazugeben und kurz mitbraten. Die Limettenschale hinzufügen und das Gemüse mit Salz und Pfeffer kräftig würzen, in eine Schüssel füllen und etwas abkühlen lassen.

3 Für die Koriander-Gurken die Gurke schälen und längs halbieren, entkernen und in feine Würfel schneiden. Die Chilischote längs halbieren und entkernen, waschen und fein schneiden. Den Koriander waschen und trocken schütteln, die Blätter abzupfen und fein schneiden. Gurken, Chili und Koriander in einer Schüssel mischen. Den Limettensaft und das Olivenöl unterrühren und die Koriander-Gurken mit Salz würzen.

4 Die Zucchinimischung unter den Teig rühren. Das Eiweiß mit 1 Prise Salz mit den Quirlen des Handrührgeräts steif schlagen und den Eischnee unter den Teig heben. Mit Salz und Pfeffer abschmecken.

5 In einer großen beschichteten Pfanne das restliche Olivenöl erhitzen. Aus der Teigmasse portionsweise darin 12 kleine Pancakes backen. Herausnehmen, auf Küchenpapier abtropfen lassen und mit den Koriander-Gurken anrichten.

Mein Tipp • Die kleinen Gemüseküchlein lassen sich beliebig abwandeln. Ich mache sie gerne auch mit Erbsen, Spinat, geraspelten Möhren oder Mais. Wer Lust auf Süßes hat, verrührt den Teig mit etwas Zucker und gehackten oder gemahlenen Nüssen, backt die Pancakes in Butter und serviert sie mit Ahornsirup, Kompott oder Apfelmus.

Chili-Knoblauch-Spaghetti
mit Kirschtomaten

Zutaten für 4 Personen

400 g Spaghetti

Meersalz

2 rote Chilischoten

4 Knoblauchzehen

400 g Kirschtomaten

5 EL Olivenöl

5–6 Stiele Basilikum

50 g geriebener Parmesan

1 Die Spaghetti nach Packungsanweisung in reichlich Salzwasser bissfest garen. Die Chilischoten waschen und längs halbieren, nach Belieben entkernen, waschen und fein schneiden. Den Knoblauch schälen und in dünne Scheiben schneiden. Die Tomaten waschen und halbieren.

2 In einer großen Pfanne das Olivenöl erhitzen. Den Knoblauch und Chili darin andünsten. Die Tomaten hinzufügen, bei starker Hitze 2 bis 3 Minuten mitdünsten und mit Salz würzen.

3 Die Spaghetti mit der Pastakralle oder -zange aus dem Kochwasser nehmen, in die Pfanne geben und mit den Tomaten mischen. Nach Belieben noch etwas Nudelkochwasser dazugeben. Das Basilikum waschen und trocken schütteln, die Blätter abzupfen, grob schneiden und untermischen. Die Spaghetti mit Salz abschmecken, anrichten und mit dem Parmesan bestreuen.

Gegrillter Scamorza
auf Spargel-Bohnen-Gemüse

Zutaten für 4 Personen

200 g dicke Bohnen (frisch und
gepalt oder tiefgekühlt)
250 g grüner Spargel
1 Zucchino (ca. 200 g)
2 Stangen Staudensellerie
1 Zwiebel · 4 EL Olivenöl
Meersalz · Pfeffer aus der Mühle
1 kleine Dose Tomaten (425 ml Inhalt)
einige Zweige Thymian
2 Zweige Rosmarin
600 g Scamorza
4–5 Stiele Petersilie · 1 Knoblauchzehe
1 TL fein abgeriebene unbehandelte
Zitronenschale
1 Spritzer weißer Aceto balsamico

1 Die Bohnen mit kochendem Wasser überbrühen, abgießen, kalt abschrecken und aus den Häutchen drücken. Den Spargel waschen, die Enden abbrechen und die Stangen schräg in Stücke schneiden. Den Zucchino putzen und waschen, längs vierteln und in Streifen schneiden. Den Sellerie putzen, waschen und in Streifen schneiden. Die Zwiebel schälen und in feine Würfel schneiden.

2 In einer Pfanne 2 EL Olivenöl erhitzen. Die Zucchini darin kräftig anbraten, mit Salz und Pfeffer würzen und herausnehmen. Das restliche Olivenöl erhitzen und Sellerie und Zwiebel darin 3 bis 4 Minuten andünsten. Den Spargel dazugeben und kurz mitdünsten. Die Zucchinistreifen und die Bohnen unterheben. Die Tomaten abtropfen lassen, grob zerkleinern und dazugeben. Thymian und Rosmarin waschen, trocken schütteln und ebenfalls dazugeben. Das Gemüse etwa 10 Minuten garen.

3 Eine Grillpfanne mit etwas Olivenöl einstreichen und erhitzen. Vom Käse die Rinde entfernen und den Käse in dicke Scheiben schneiden. Die Käsescheiben in der Grillpfanne auf jeder Seite 2 bis 3 Minuten goldbraun braten. Die Petersilie waschen und trocken schütteln, die Blätter abzupfen und fein schneiden. Den Knoblauch schälen und in feine Würfel schneiden. Petersilie, Knoblauch und Zitronenschale mischen. Das Gemüse mit Salz, Pfeffer und Essig würzen. Den Käse anrichten, mit der Petersilien-Zitronen-Mischung bestreuen und mit dem Gemüse servieren. Dazu passt frisches Weißbrot.

Mein Tipp • Wenn Sie keinen Scamorza bekommen, können Sie für dieses Rezept auch Halloumi verwenden. Sie bekommen den Käse in fast jedem Supermarkt im Kühlregal.

Auberginen-Involtini
mit Ziegenkäse und Pinienkernen

Zutaten für 4 Personen

2 Auberginen (à ca. 350 g)

1 Knoblauchzehe

einige Zweige Thymian

ca. 11 EL Olivenöl

Meersalz

Pfeffer aus der Mühle

4 TL flüssiger Honig

4 EL Semmelbrösel

Für die Füllung:

50 g Rosinen

4 EL Marsala (ital. Dessert-wein)

50 g Weißbrot

2 EL Olivenöl

250 g Ziegenfrischkäse

40 g Pinienkerne

1 TL Thymianblättchen

gemahlener Koriander

gemahlener Piment

Meersalz

Pfeffer aus der Mühle

1 Die Auberginen putzen, waschen und längs in ½ cm dicke Scheiben schneiden oder hobeln. Die ungeschälte Knoblauchzehe leicht andrücken. Den Thymian waschen und trocken schütteln, einige Blättchen (etwa 1 TL) abzupfen. In einer Pfanne nach und nach etwas Olivenöl erhitzen und die Auberginenscheiben darin zusammen mit dem Knoblauch und den Thymianzweigen portionsweise auf beiden Seiten goldbraun braten. Mit Salz und Pfeffer würzen und auf Küchenpapier abtropfen lassen.

2 Für die Füllung die Rosinen und den Marsala in einem Topf aufkochen und die Rosinen zugedeckt 5 Minuten ziehen lassen. In ein Sieb abgießen und abtropfen lassen, dabei die Flüssigkeit auffangen. Das Brot in sehr kleine Würfel schneiden. Das Olivenöl in einer Pfanne erhitzen und die Brotwürfel darin knusprig braten. Den Ziegenfrischkäse mit den Pinienkernen, dem Thymian, den Brotwürfeln, den Rosinen und je 1 Prise Koriander und Piment verrühren. Mit Salz und Pfeffer würzen.

3 Den Backofengrill einschalten. Die Füllung auf den Auberginenscheiben verteilen. Die Scheiben aufrollen und in eine ofenfeste Form legen. Die Einweichflüssigkeit der Rosinen darübergeben und die Röllchen mit Honig beträufeln. Die Semmelbrösel, 3 EL Olivenöl und den restlichen Thymian mischen und über die Röllchen verteilen. Die Auberginen-Involtini im Backofen auf der mittleren Schiene 3 bis 5 Minuten goldbraun überbacken. Dazu passen kurz in Olivenöl angedünstete Tomaten oder ein frischer Tomatensalat.

Mein Tipp • Die Ziegenkäsefüllung passt auch wunderbar zu Paprikaschoten. Dafür Paprikaviertel unter dem Backofengrill garen, bis die Haut Blasen wirft. Die Viertel häuten, mit der Ziegenkäsemischung füllen und wie die Auberginen im Ofen überbacken. Wer es ganz eilig hat, kann auch gegrillte Paprikaschoten aus dem Glas verwenden.

Pfifferlingsknödel
mit Pilzrahm

Zutaten für 4 Personen

Für die Knödel:

4 Brötchen (vom Vortag;
ca. 180 g)

200 ml Milch

100 g Pfifferlinge (oder
andere Pilze)

2 Schalotten

1–2 Stiele Petersilie

1 EL Butter

Meersalz

Pfeffer aus der Mühle

2 Eier (Größe L)

Für den Pilzrahm:

800 g Pfifferlinge (oder
andere Pilze; küchenfertig)

1 Bund Frühlingszwiebeln

1 Knoblauchzehe

60 g Butter

Meersalz

Pfeffer aus der Mühle

200 g Sahne

½ Bund Schnittlauch

100 g saure Sahne

1 Für die Knödel die Brötchen in feine Würfel schneiden. Die Milch erhitzen und darüberträufeln. Die Brötchenwürfel locker mischen und zugedeckt ziehen lassen. Die Pfifferlinge putzen, mit leicht angefeuchtetem Küchenpapier vorsichtig abreiben und fein hacken. Die Schalotten schälen und in feine Würfel schneiden. Die Petersilie waschen und trocken schütteln, die Blätter abzupfen und fein schneiden.

2 In einer Pfanne die Butter erhitzen und die Pfifferlinge darin anbraten, bis sie kein Wasser mehr ziehen. Die Schalotten dazugeben und mitdünsten, bis sie ebenfalls kein Wasser mehr ziehen. Die Petersilie unterrühren und mit Salz und Pfeffer würzen. Die Pilzmischung zu den Brötchenwürfeln geben und alles gut vermischen. Die Eier verquirlen, zur Brötchen-Pilz-Masse geben und mit den Händen gründlich einarbeiten. Mit Salz und Pfeffer abschmecken.

3 In einem weiten Topf reichlich Salzwasser zum Kochen bringen. Mit angefeuchteten Händen aus der Brötchen-Pilz-Masse 8 Knödel formen, in das leicht kochende Wasser geben und bei schwacher Hitze etwa 15 Minuten gar ziehen lassen.

4 Für den Pilzrahm die Pfifferlinge halbieren, kleine Exemplare ganz lassen. Die Frühlingszwiebeln putzen, waschen und in feine Ringe schneiden. Den Knoblauch schälen und in feine Würfel schneiden.

5 Die Butter in einem Topf erhitzen und die Pilze darin anbraten, bis sie kein Wasser mehr ziehen. Die Frühlingszwiebeln und den Knoblauch hinzufügen und mitdünsten. Mit Salz und Pfeffer würzen. Die Sahne angießen und cremig einköcheln lassen. Den Topf von der Herdplatte nehmen. Den Schnittlauch waschen, trocken schütteln und in Röllchen schneiden. Die saure Sahne und den Schnittlauch hinzufügen und den Pilzrahm mit Salz und Pfeffer abschmecken. Die Knödel mit dem Schaumlöffel aus dem Wasser heben, kurz abtropfen lassen und mit dem Pilzrahm anrichten.

Mein Tipp • Statt einzelne Knödel zu formen, können Sie die Brötchenmasse auch einfach als Rolle auf einen mit Butter eingefetteten Bogen Alufolie geben. Die Folie über der Knödelmasse und an den Rändern mehrmals einschlagen, damit kein Wasser eindringen kann. Die Knödelrolle in siedendem Wasser 15 Minuten garen. Auswickeln und in Scheiben schneiden.

Gratinierte Ofentomaten
mit Pastafüllung

Zutaten für 4 Personen

100 g Risoni (reisförmige
Nudeln)

Meersalz

4 große Fleischtomaten
(z. B. Ochsenherztomaten;
à ca. 400 g)

2 Schalotten

2 Knoblauchzehen

4 EL Olivenöl

1 EL Kapern

2 EL schwarze Oliven
(entsteint)

Pfeffer aus der Mühle

½ Bund Petersilie

40 g geriebener Parmesan

1 EL Semmelbrösel

1 Die Nudeln nach Packungsanweisung in reichlich Salzwasser bissfest garen. Die Tomaten waschen, auf der Oberseite einen Deckel abschneiden und die Tomaten mit einem Löffel oder Kugelausstecher aushöhlen. Die Kerne entfernen, das Fruchtfleisch und die Deckel in Würfel schneiden. Die Tomaten innen salzen und kopfüber abtropfen lassen.

2 Die Schalotten und den Knoblauch schälen und in feine Würfel schneiden. In einer Pfanne 3 EL Olivenöl erhitzen, die Schalotten und den Knoblauch darin andünsten. Das Tomatenfruchtfleisch dazugeben und mitdünsten. Die Kapern hinzufügen. Die Oliven in Scheiben schneiden und ebenfalls dazugeben. Mit Salz und Pfeffer würzen.

3 Den Backofen auf 200 °C vorheizen. Die Nudeln in ein Sieb abgießen, kalt abschrecken und abtropfen lassen. Die Petersilie waschen und trocken schütteln, die Blätter abzupfen und fein schneiden. Die Petersilie, die Nudeln und die Hälfte des Parmesans unter die Tomaten mischen. Die Pastafüllung mit Salz und Pfeffer abschmecken.

4 Die ausgehöhlten Tomaten in eine ofenfeste Form oder in 4 Portionsformen setzen und mit der Pastamischung füllen. Den restlichen Parmesan mit den Semmelbröseln mischen, darauf verteilen und mit dem übrigen Olivenöl beträufeln. Die Tomaten im Backofen auf der mittleren Schiene 10 bis 15 Minuten gratinieren.

Mein Tipp • Pasta in Reisform heißt von Hersteller zu Hersteller anders – Risoni, Rosmarini, Puntalette oder – bei griechischen Produzenten – Kritharaki. Sie können für die Tomatenfüllung aber auch jede andere Mini-Nudelsorte verwenden.

Cannelloni
mit Ricotta-Gorgonzola-Füllung und Walnüssen

Zutaten für 4 Personen

8 Cannelloni-Rollen

Meersalz

60 g Walnusskerne

700 g Ricotta

200 g Gorgonzola

½ Bund Thymian

1 Bund Petersilie

etwas Milch

Pfeffer aus der Mühle

30 g Butter

40 g geriebener Parmesan

2 EL Walnussöl

1 Die Cannelloni nach Packungsanweisung in reichlich Salzwasser bissfest kochen. Die Walnüsse in einer Pfanne ohne Fett anrösten. Herausnehmen, abkühlen lassen und grob hacken.

2 Den Ricotta durch ein Sieb streichen. Den Gorgonzola mit einer Gabel zerdrücken und mit dem Ricotta mischen. Die Kräuter waschen und trocken schütteln, die Blätter abzupfen und fein schneiden. Die Petersilie, die Hälfte des Thymians und die Hälfte der Nüsse unter die Käsemasse mischen. So viel Milch dazugeben, dass eine spritzfähige Masse entsteht. Mit Salz und Pfeffer würzen und die Käsemasse in einen Spritzbeutel mit großer Lochtülle füllen.

3 Den Backofen auf 200 °C vorheizen. Die Cannelloni vorsichtig in ein Sieb abgießen, kalt abschrecken und abtropfen lassen. Eine ofenfeste Form mit 1 TL Butter einfetten. Die Nudelröhren mit der Käsemasse füllen und in die Form legen. Den Parmesan, das Walnussöl, die restlichen Walnüsse und den restlichen Thymian mischen und auf den Cannelloni verteilen. Die restliche Butter in Stückchen daraufsetzen und die Cannelloni im Backofen auf der mittleren Schiene etwa 15 Minuten überbacken.

Mein Tipp • Wenn von der Füllung etwas übrig bleibt, verwende ich die nussige Käsecreme einfach als Crostinibelag. Oder ich gratiniere damit frische Feigen: Dafür die Feigen waschen, vierteln und in eine ofenfeste, mit Butter eingefettete Form legen. Die Käsecreme darauf verteilen und bei 220 °C im Backofen auf der mittleren Schiene etwa 10 Minuten überbacken.

Schnelle Gemüselasagne
mit Blattspinat

Zutaten für 4 Personen

6 Lasagneblätter

Meersalz

2 EL Olivenöl

500 g Blattspinat

2 Schalotten

2 Knoblauchzehen

Pfeffer aus der Mühle

frisch geriebene Muskatnuss

200 g Ziegenfrischkäse

100 g geriebener Bergkäse

3–4 EL Milch

4–5 Zweige Thymian

2–3 Stiele Petersilie

3 Fleischtomaten

30 g Butter

40 g geriebener Parmesan

1 Die Lasagneblätter nach Packungsanweisung in reichlich Salzwasser biss-fest kochen. Vorsichtig in ein Sieb abgießen, kurz abtropfen lassen und im Topf mit etwas Olivenöl mischen.

2 Den Spinat verlesen, waschen und in einem Sieb abtropfen lassen, grobe Stiele entfernen. Die Schalotten und den Knoblauch schälen und in feine Würfel schneiden. Das restliche Olivenöl in einer Pfanne erhitzen, die Schalotten und den Knoblauch darin andünsten. Den Spinat hinzufügen und zusammenfallen lassen. Mit Salz, Pfeffer und Muskatnuss würzen und beiseitestellen.

3 Den Backofen auf 220 °C vorheizen. Den Ziegenfrischkäse und den Bergkäse mit der Milch verrühren. Die Kräuter waschen und trocken schütteln, die Blätter abzupfen, fein schneiden und unter die Käsecreme rühren. Mit Salz und Pfeffer abschmecken. Die Tomaten waschen und in Scheiben schneiden, dabei die Stielansätze entfernen.

4 Eine große ofenfeste Form oder ein tiefes Backblech mit Butter einfetten. 4 Tomatenscheiben hineinlegen und mit Salz und Pfeffer würzen. Die Lasagneblätter quer halbieren und jeweils 1 Nudelstück auf die Tomaten setzen. Die Hälfte des Spinats und die Hälfte der Käsecreme darauf verteilen. Jeweils 1 Nudelstück und 1 Tomatenscheibe darauflegen, mit Salz und Pfeffer bestreuen. Den restlichen Spinat und die Käsecreme daraufgeben und mit den restlichen Nudelblättern bedecken. Den Parmesan darüberstreuen und die Türmchen mit der restlichen Butter in kleinen Stücken belegen. Die Gemüselasagne im Backofen auf der mittleren Schiene etwa 10 Minuten überbacken.

Mein Tipp • Für dieses Rezept verwende ich im Winter auch mal Wurzelspinat. Er hat dickere Blätter und Stiele – ich rupfe beim Putzen einfach von den groben Stielen die Blätter ab. Wurzelspinat muss besonders gründlich gewaschen werden, er ist meist sandig.

Risotto Primavera
mit Spargel, Möhren und Erbsen

Zutaten für 4 Personen

100 g weißer Spargel

100 g grüner Spargel

100 g junge Möhren

2 Schalotten

1 Knoblauchzehe

ca. 900 ml Gemüsefond

oder -brühe

80 g Butter

250 g Risottoreis

100 ml Weißwein

100 g Erbsen (tiefgekühlt)

Meersalz

60 g geriebener Parmesan

1 Handvoll Kerbelblätter

Pfeffer aus der Mühle

1 Den Spargel waschen. Den weißen Spargel schälen und die Enden abbrechen. Vom grünen Spargel ebenfalls die Enden abbrechen. Die Spargelspitzen abschneiden und beiseitelegen. Die Spargelstangen in etwa 1 cm große Würfel schneiden. Die Möhren putzen, schälen und ebenfalls in 1 cm große Würfel schneiden. Die Schalotten und den Knoblauch schälen und in feine Würfel schneiden.

2 Den Gemüsefond erhitzen. In einem weiten Topf 30 g Butter erhitzen. Die Schalotten und den Knoblauch darin glasig dünsten, die Gemüsewürfel hinzufügen und mitdünsten. Den Reis unterrühren und ebenfalls kurz andünsten. Den Wein angießen und einkochen lassen. So viel vom Fond dazugeben, dass der Reis knapp bedeckt ist. Die Flüssigkeit unter gelegentlichem Rühren einkochen lassen. Den Vorgang wiederholen, bis der Reis gar ist, aber noch Biss hat und der Risotto schön cremig ist (das dauert etwa 20 Minuten). Gegen Ende der Garzeit die Erbsen unterrühren.

3 Die Spargelspitzen längs halbieren. In einer Pfanne 1 EL Butter erhitzen. Die weißen Spargelspitzen darin einige Minuten bissfest braten, die grünen Spargelspitzen hinzufügen und kurz anbraten. Mit wenig Salz würzen, etwas Wasser dazugeben und die Spargelspitzen offen fertig garen.

4 Den Risotto von der Herdplatte nehmen und die restliche Butter mit dem Parmesan unterrühren. Die Kerbelblätter waschen und trocken schütteln, fein schneiden und unterheben. Den Risotto mit Salz und Pfeffer würzen und mit den Spargelspitzen in tiefen Tellern anrichten.

Mein Tipp • Im Frühjahr und Sommer greife ich gerne zu frischen Erbsen. Für den Risotto braucht man etwa 300 g Erbsenschoten. Die gepalten Erbsen allerdings nicht erst zum Schluss, sondern schon zusammen mit den anderen Gemüsen hinzufügen.

Gemüsetempura
mit Kräuterdip und Ponzu-Sauce

Zutaten für 4 Personen

ca. 800 g gemischtes Gemüse
(z.B. Möhren, Paprika,
Zucchini, grüner Spargel,
Pilze, Zuckerschoten, Kürbis)
300 g Tempurateigmischung
(aus dem Asienladen)
2 l Öl zum Frittieren
(z.B. Erdnussöl)

Für die Sauce:
4 EL Sake (japan. Reiswein)
80 ml süße Sojasauce
Saft von 1 Zitrone

Für den Dip:
200 g Crème fraîche
2 EL Mayonnaise
1 TL Sesamöl
1 TL Limettensaft
etwas abgeriebene unbehandelte Limettenschale
je 1 EL fein geschnittenes
Thai-Basilikum und Koriander
Meersalz
1 Msp. Currypulver

1 Das Gemüse putzen und waschen bzw. schälen. Die Möhren, Paprika und Zucchini in Streifen schneiden, den Spargel halbieren, die Pilze und Zuckerschoten ganz lassen. Den Kürbis in schmale Spalten schneiden.

2 Für die Sauce den Sake in einem kleinen Topf aufkochen lassen und die Sojasauce und den Zitronensaft unterrühren. Für den Dip alle Zutaten in eine Schüssel geben, verrühren und mit Salz und Currypulver abschmecken.

3 Die Tempurateigmischung nach Packungsanweisung mit kaltem Wasser anrühren. Das Öl in einem weiten Topf erhitzen. Es ist heiß genug, wenn an einem eingetauchten Holzlöffelstiel kleine Bläschen aufsteigen.

4 Das Gemüse mit einer Gabel portionsweise durch den Teig ziehen und im heißen Öl knusprig ausbacken. Mit dem Schaumlöffel herausheben und auf Küchenpapier abtropfen lassen. Das Gemüsetempura auf einer Platte anrichten und mit dem Kräuterdip und der Ponzu-Sauce servieren.

Mein Tipp • Auch für Desserts eignet sich Tempurateig: Dafür zum Beispiel 1 kleine Banane pro Person schälen und längs halbieren, durch den Tempurateig ziehen und in Öl knusprig ausbacken. Nach Belieben mit Honig oder Ahornsirup beträufeln und mit einer Kugel Vanilleeis anrichten.

Tomaten-Tarte-Tatin
mit Feta und Rucola

Zutaten für 4 Personen

Für den Belag:

8–10 Eiertomaten (à 70–80 g)

Meersalz

3 TL Zucker

30 g Butter

einige Zweige Thymian

Pfeffer aus der Mühle

Für den Teig:

180 g Mehl

20 g geriebener Parmesan

Meersalz

Pfeffer aus der Mühle

einige Zweige Thymian

100 g kalte Butter

1 Ei (Größe M)

Außerdem:

100 g Feta (Schafskäse)

2 Handvoll Rucola

2 EL Olivenöl

Fleur de Sel

1   Den Backofen auf 200 °C vorheizen. Für den Belag die Tomaten waschen, längs halbieren und die Stielansätze entfernen. Mit einem kleinen Löffel die Kerne entfernen und beiseitestellen. Die Tomaten innen leicht salzen und mit der Schnittfläche nach unten auf einem Kuchengitter abtropfen lassen.

2   Für den Teig das Mehl, den Parmesan, 1 große Prise Salz und Pfeffer in eine Schüssel geben. Den Thymian waschen und trocken schütteln, die Blättchen abstreifen und hinzufügen. Die Butter in kleinen Stücken dazugeben. Alles mit den Fingern zu Bröseln zerreiben. Das Ei verquirlen, zu den Bröseln geben und alles zügig zu einem glatten Teig verkneten. Den Teig zwischen zwei aufgeschnittenen Gefrierbeuteln rund ausrollen (etwa 30 cm Durchmesser) und auf eine flache Platte legen. Die obere Folie abziehen und mit einer Gabel mehrmals einstechen, die Folie wieder drauflegen und den Teig kühl stellen.

3   Den unteren Rand einer Springform (26 cm Durchmesser) außen rundum mit einem Streifen Alufolie abdichten. Für den Belag den Zucker gleichmäßig in eine große Pfanne streuen und karamellisieren. Die Butter dazugeben und unterrühren. Die Eiertomaten innen mit Küchenpapier trocken tupfen. Mit der Schnittfläche nach unten in den Karamell geben und bei starker Hitze anbraten, bis die Flüssigkeit in der Pfanne sirupartig wird. Die Thymianzweige waschen und trocken schütteln, zerzupfen und mitbraten. Die Eiertomaten samt Karamell und Thymian mit der Schnittfläche nach unten dicht an dicht in der Springform verteilen. Mit Pfeffer bestreuen.

4   Den Teig aus dem Kühlschrank nehmen, die obere Folie abziehen und die Teigplatte auf die Tomatenmischung stürzen. Die zweite Folie abziehen. Den Teigrand rundum etwas zwischen Form und Füllung schieben und die Tarte im Backofen auf der mittleren Schiene etwa 30 Minuten backen.

5   Den Feta in Würfel schneiden. Den Rucola verlesen, dabei die groben Stiele entfernen, waschen und trocken schütteln. 3 EL der beiseitegestellten Tomatenkerne mit dem Olivenöl verquirlen und mit Salz und Pfeffer würzen. Den Rucola mit der Tomaten-Marinade und dem Feta mischen. Die Tarte aus dem Ofen nehmen und etwas abkühlen lassen, stürzen und in Stücke schneiden. Mit Fleur de Sel bestreuen und mit der Rucola-Feta-Mischung servieren.

Mein Tipp • Die Original Tarte Tatin ist ein »verkehrt herum« gebackener Apfelkuchen, der nach seinen Erfinderinnen, den französischen Schwestern Tatin benannt wurde.

Fisch
& Meeresfrüchte

Ich finde Fisch einfach klasse. Und für die schnelle Küche gibt es nichts Besseres. Ein saftiges Fischfilet oder ein paar zarte Garnelen, ein schönes Gemüse der Saison dazu – fertig ist ein Essen vom Feinsten. Zum Glück gibt es inzwischen auch im Süden der Republik wunderbare Fischgeschäfte, sodass dem leichten Genuss nichts mehr im Wege steht. Versprochen: Auch wer sich bisher nicht an Fisch rangetraut hat, findet hier das Richtige.

Fisch & Co. im Nu zubereitet

Das feine Fleisch der Meeresbewohner ist im Handumdrehen fertig, das wissen auch Kochanfänger. Zu lange Garzeiten machen es trocken und geschmacklos. Bevor es auf den folgenden Seiten mit tollen Rezepten für Fisch, Muscheln und Garnelen so richtig losgeht, zeige ich Ihnen hier noch drei meiner liebsten Express-Rezepte – perfekt für Familie und auch für Gäste: ein Fischfilet mit einer dicken Kräuterschicht im Salzmantel, eine unkomplizierte Fischsuppe und ein Pastagericht, bei dem der Fisch allein durch die Hitze der Pasta gart. Einfacher geht's nicht.

Fischfilet im Salzmantel

Für 2 Hauptgericht- oder 4 Vorspeisen-Portionen verwende ich ca. 400 g Fischfilet mit Haut, 1 kg grobes Meersalz (z. B. Sel de Guerande), 4 Eier, 150 g Mehl, 50 g Speisestärke und viele frische Kräuterblätter (Basilikum, Dill, Kerbel, Melisse).

Salz, Eier und Mehl mit Speisestärke gut verrühren. Die Hälfte der Masse auf einem Backblech verteilen.

Den Fisch waschen und trocken tupfen, mit der Haut nach unten auf das Salzbett legen und großzügig mit Kräuterblättern bedecken. Backofen auf 180 °C vorheizen.

Die restliche Salzmasse daraufgeben, andrücken und im Ofen 15 bis 20 Minuten backen.

Das Salzpaket mit einem Sägemesser aufschneiden, den Deckel abheben und den Fisch servieren.

Fixe Fischsuppe

Für 4 Personen brauchen Sie je 2 Schalotten und Knoblauchzehen (in Würfel geschnitten), 1 Fenchelknolle (gehobelt), Fenchelsamen, Olivenöl, Meersalz, Pfeffer aus der Mühle, Tomatenmark, 50 ml Pernod, 100 ml Weißwein, 800 ml Fischfond, 500 g Fischfilet und Garnelen.

Schalotten, Knoblauch, Fenchel und 1 TL Fenchelsamen in Olivenöl 5 Minuten andünsten. Mit Salz und Pfeffer würzen.

2 EL Tomatenmark unterrühren, mit etwas Pernod und Wein ablöschen, etwas einkochen lassen und den Fond angießen.

Suppe 10 Minuten köcheln lassen. Fischfilet in Würfeln und Garnelen dazugeben und 5 Minuten gar ziehen lassen.

Pasta rapida

Meine liebsten Pastagerichte sind die, bei denen die Sauce schon fertig ist, wenn die Nudeln aus dem Wasser kommen. So wie bei dieser Lachspasta.

Für 4 Personen brauchen Sie 400 g Tagliatelle, ½ l Geflügelfond, 125 g Butter, Zitronenschale und -saft, 200 g Lachsfilet ohne Haut und Estragon.

Pasta garen. Den Fond mit der Butter sämig einkochen. Mit Salz, Pfeffer, Zitronenschale und -saft würzen.

Das Lachsfilet waschen, trocken tupfen und in dünne Streifen schneiden. Die Pasta abgießen.

Die heiße Pasta zur Sauce geben. Den Lachs und den fein geschnittenen Estragon untermischen. Die Pasta mit Salz und Pfeffer aus der Mühle abschmecken.

Thunfischsteaks
mit Avocadofüllung und Tomaten-Minze-Salsa

Zutaten für 4 Personen

Für die Thunfischsteaks:

1 Scheibe Toastbrot

20 g Butter

1 Avocado

einige Spritzer Limettensaft

½ rote Chilischote

Meersalz

4 Scheiben Thunfischfilet

(je 2–3 cm dick; à ca. 200 g)

2 EL Olivenöl

Für die Salsa:

400 g Tomaten

1 Frühlingszwiebel

1–2 Stiele Minze

2 EL Olivenöl

Meersalz

Pfeffer aus der Mühle

1 Spritzer Aceto balsamico bianco

1 Für die Thunfischsteaks vom Toastbrot die Rinde abschneiden und das Innere in sehr feine Würfel schneiden. Die Butter in einer Pfanne erhitzen und die Brotwürfel darin knusprig braten. Auf Küchenpapier abtropfen und abkühlen lassen.

2 Für die Salsa die Tomaten waschen. Nach Belieben häuten: Dafür die Tomaten kreuzweise einritzen, kurz in kochendes Wasser tauchen, kalt abschrecken und die Haut abziehen. Die Tomaten vierteln und dabei den Stielansatz entfernen, die Viertel entkernen und in feine Würfel schneiden. Die Frühlingszwiebel putzen und waschen, in feine Ringe schneiden und zu den Tomaten geben. Die Minze waschen und trocken schütteln, die Blätter abzupfen und ebenfalls zu den Tomaten geben. Alles mit dem Olivenöl verrühren und mit Salz, Pfeffer und Essig abschmecken.

3 Die Avocado längs halbieren, die Hälften gegeneinanderdrehen und den Kern entfernen. Die Hälften schälen, das Fruchtfleisch in feine Würfel schneiden und mit etwas Limettensaft beträufeln. Die Chilischote entkernen, waschen, fein schneiden und zur Avocado zugeben. Mit Salz und Limettensaft würzen und die knusprigen Brotwürfel unterheben.

4 Die Thunfischfilets waschen und trocken tupfen. In jedes Filet seitlich eine Tasche einschneiden und die Avocadofüllung hineingeben. Die Öffnung mit kleinen Holzspießen verschließen. Das Olivenöl in einer Pfanne erhitzen und die Thunfischsteaks darin auf beiden Seiten bei starker Hitze 1 bis 2 Minuten braten (der Fisch soll innen noch rosa sein). Die gefüllten Thunfischsteaks mit der Tomaten-Minze-Salsa anrichten.

Mein Tipp • Avocadofruchtfleisch wird sehr schnell unansehnlich graubraun – deshalb immer sofort mit etwas Zitronen- oder Limettensaft beträufeln.

Gegrillter Schwertfisch
mit Tomaten und Oliven

Zutaten für 4 Personen

4 Schwertfischkoteletts
(à ca. 200 g)
4 EL Olivenöl
1 unbehandelte Zitrone
400 g Strauchtomaten
30 g getrocknete Tomaten
(in Öl eingelegt)
3 Stangen Staudensellerie
1 Zwiebel
2 Knoblauchzehen
1 rote Chilischote
100 ml Weißwein
Meersalz
1 Lorbeerblatt
2 Stiele Petersilie
80 g grüne Oliven
1–2 EL kleine Kapern

1 Die Fischkoteletts waschen, trocken tupfen und mit 2 EL Olivenöl beträufeln. Die Zitrone heiß waschen, trocken reiben und die Schale fein abreiben. Die Zitronenschale auf dem Fisch verteilen und den Fisch zugedeckt beiseitestellen.

2 Die Tomaten waschen, vierteln und mit einem scharfen Messer das Fruchtfleisch von den Häuten schneiden. Das Fruchtfleisch grob hacken. Die getrockneten Tomaten abtropfen lassen. Den Sellerie putzen und waschen. Beides in feine Würfel schneiden. Die Zwiebel und den Knoblauch schälen, die Zwiebel in feine Würfel, den Knoblauch in Scheiben schneiden. Die Chilischote längs halbieren und entkernen, waschen und fein schneiden.

3 Das restliche Olivenöl in einer Pfanne erhitzen und die Zwiebel darin glasig dünsten. Den Knoblauch, den Sellerie und die Chilischote hinzufügen und 3 Minuten mitdünsten. Mit dem Wein ablöschen. Die getrockneten Tomaten und die frischen Tomaten unterrühren und mit Salz würzen. Das Lorbeerblatt hinzufügen und die Tomaten 10 Minuten offen köcheln. Die Petersilie waschen und trocken schütteln, die Blätter abzupfen, fein schneiden und unter die Tomaten rühren. Die Oliven vom Stein schneiden und mit den Kapern dazugeben. Die Sauce mit Salz abschmecken.

4 Eine Grillpfanne erhitzen. Die Fischkoteletts leicht salzen und in der Pfanne auf beiden Seiten 3 bis 4 Minuten grillen. Die Koteletts herausnehmen und mit der Tomatensauce anrichten. Dazu passt Weißbrot.

Mein Tipp • Am liebsten nehme ich für dieses Gericht die grünen Riesenoliven Bella di Cerignola aus Süditalien. Sie sind schön fleischig und schmecken fruchtig und mild. Da sie sehr fest am Stein sitzen, schneidet man das Fruchtfleisch mit einem kleinen Messer von oben nach unten rundum ab.

Polettos Pannfisch
mit Spargel, Krabben und Schnittlauchrahm

Zutaten für 4 Personen

600 g Drillinge (festkochende,
dünnschalige Kartoffelsorte)
Meersalz
2 Schollen (à ca. 400 g;
küchenfertig)
4 EL Öl
60 g Butter
250 g grüner Spargel
Pfeffer aus der Mühle
½ Bund Kerbel
100 g Nordseekrabben
(küchenfertig)
150 g saure Sahne
2 EL Schnittlauchröllchen
Fleur de Sel

1 Die Kartoffeln gründlich waschen und ungeschält in Salzwasser etwa 15 Minuten garen. Inzwischen die Schollen waschen, trocken tupfen und salzen.

2 Den Backofen auf 140 °C vorheizen. In zwei Pfannen jeweils 2 EL Öl erhitzen. Die Schollen darin auf beiden Seiten kurz anbraten. Die Schollen auf ein Backblech legen, 40 g Butter in kleinen Stücken darauf verteilen und die Fische im Backofen auf der mittleren Schiene 10 bis 15 Minuten garen.

3 Den Spargel waschen und die Enden abbrechen. Jede Stange schräg in 3 bis 4 Stücke schneiden. Die restliche Butter in einer großen Pfanne erhitzen und den Spargel darin bei schwacher Hitze unter mehrmaligem Wenden bissfest braten, mit Salz würzen. Die Kartoffeln abgießen, ausdampfen lassen und in Scheiben schneiden oder halbieren und zum Spargel geben. Einige Minuten mitbraten und mit Salz und Pfeffer würzen.

4 Den Kerbel waschen und trocken schütteln, die Blätter abzupfen, grob schneiden und mit den Krabben mischen. Die saure Sahne mit dem Schnittlauch verrühren.

5 Die Schollen aus dem Ofen nehmen und filetieren. Die Krabben kurz vor dem Servieren unter die Kartoffeln heben, die Fischfilets darauf anrichten und mit etwas Fleur de Sel bestreuen. Den Schnittlauchrahm darübergeben.

Mein Tipp • Noch schneller geht das Gericht natürlich mit Drillingen, die man bereits am Vortag gegart hat. Das hat zudem den Vorteil, dass die Kartoffeln beim Braten nicht so leicht zerfallen.

Kabeljau in Salami gebraten
mit lauwarmem Tomatensalat

Zutaten für 4 Personen

4 Stücke Kabeljaufilet
(à ca. 150 g; ohne Haut)

8–12 sehr dünne große Scheiben Salami (z. B. Chili- oder Paprikasalami)

5 EL Olivenöl

500 g kleine Strauchtomaten

3 Schalotten

1 Knoblauchzehe

1 TL Zucker

60 g schwarze Oliven (entsteint)

Meersalz

Pfeffer aus der Mühle

1 Spritzer Sherryessig

einige Stiele Basilikum

1 Den Backofen auf 120 °C vorheizen. Die Kabeljaufilets waschen und trocken tupfen. Jedes Stück mit 2 bis 3 Salamischeiben (je nach Größe) umhüllen.

2 In einer ofenfesten Pfanne 2 EL Olivenöl erhitzen. Die Filets darin auf beiden Seiten 1 bis 2 Minuten anbraten. Dann im Backofen auf der mittleren Schiene etwa 10 Minuten gar ziehen lassen.

3 Die Tomaten waschen, halbieren oder vierteln und die Stielansätze entfernen. Die Schalotten schälen und in Ringe schneiden. Den Knoblauch schälen und in Scheiben schneiden. Das restliche Olivenöl in einer Pfanne erhitzen und die Schalotten darin andünsten. Den Knoblauch hinzufügen und kurz mitdünsten, alles mit dem Zucker bestreuen und karamellisieren.

4 Die Tomaten dazugeben, kurz andünsten und die Oliven untermischen. Die Tomatenmischung in eine Schüssel füllen. Mit Salz, Pfeffer, Essig und nach Belieben noch etwas Olivenöl abschmecken. Das Basilikum waschen und trocken schütteln, die Blätter abzupfen, grob schneiden und unter den Salat heben.

5 Den Kabeljau aus dem Backofen nehmen, mit Pfeffer bestreuen und mit dem lauwarmen Tomatensalat anrichten. Nach Belieben mit frischem Weißbrot servieren.

Mein Tipp • Wird Fisch zu heiß gegart, stockt das darin enthaltene Eiweiß und der Fisch wird leicht trocken. Deshalb brate ich den Fisch nur kurz an und lasse ihn im Backofen bei mäßiger Temperatur langsam gar ziehen.

Rotbarschfilet
mit Gemüse aus dem Ofen

Zutaten für 4 Personen

4 Stangen Staudensellerie

2 rote Paprikaschoten

1 rote Chilischote

5 EL Olivenöl

30 g Pinienkerne · 1 EL kleine Kapern

3 Stiele Petersilie

einige Zweige Thymian

Meersalz

4 Stücke Rotbarschfilet (à 150 g)

Pfeffer aus der Mühle

2 Scheiben Toastbrot (ohne Rinde)

2 Knoblauchzehen (in feinen Würfeln)

1 Den Sellerie putzen, waschen und in Scheiben schneiden. Die Paprikaschoten längs vierteln, entkernen, waschen und in Streifen schneiden. Die Chilischote längs halbieren, entkernen, waschen und fein schneiden.

2 Den Backofen auf 180 °C vorheizen. Das Gemüse in 2 EL Olivenöl 5 Minuten andünsten. Die Pinienkerne und Kapern unterrühren. Die Kräuter waschen, trocken schütteln, die Blätter abzupfen. Die Petersilie fein schneiden, zum Gemüse geben, salzen und auf einem Backblech verteilen. Die Fischfilets waschen und trocken tupfen. Leicht mit Salz und Pfeffer würzen und auf das Gemüse legen. Mit 2 EL Olivenöl beträufeln und im Backofen auf der mittleren Schiene 8 bis 10 Minuten garen.

3 Das Brot zerpflücken, mit dem Knoblauch und Thymian im Blitzhacker fein zerkleinern. Die Brösel auf dem Fisch verteilen, mit dem übrigen Olivenöl beträufeln und unter dem Backofengrill goldbraun gratinieren.

Meeräschenfilets
in Zitrusbutter mit Chicorée

Zutaten für 4 Personen

250 g Butter

je 1 unbehandelte Limette und Orange

1 Grapefruit

4 Meeräschenfilets (oder Doradenfilets; à ca. 150 g; mit Haut)

4 Chicorée

3 EL Olivenöl

2 EL brauner Zucker

Meersalz

Pfeffer aus der Mühle

2–3 Stiele Estragon

Fleur de Sel

Piment d'Espelette
(oder Cayennepfeffer)

1 Die Butter in einem kleinen Topf erhitzen und köcheln lassen, bis sich die weißen Eiweißbestandteile am Boden absetzen. Die klare Butter vorsichtig in eine Pfanne gießen. Die Limette und die Orange heiß waschen, trocken reiben und die Schalen fein abreiben. Limette, Orange und Grapefruit so großzügig schälen, dass auch die weiße Haut entfernt wird. Mit einem scharfen Messer die Fruchtfilets zwischen den Trennhäuten herausschneiden, den dabei abtropfenden Saft auffangen.

2 Die Fischfilets waschen und trocken tupfen. Die geklärte Butter erhitzen und die Zitrusschalen hinzufügen. Die Fischfilets in die Zitrusbutter legen und zugedeckt bei schwacher Hitze etwa 10 Minuten garen.

3 Den Chicorée putzen, waschen und längs vierteln. Das Olivenöl in einer zweiten Pfanne erhitzen und den Chicorée darin unter Wenden anbraten. Mit dem Zucker bestreuen und leicht karamellisieren. Den aufgefangenen Zitrussaft angießen und den Chicorée zugedeckt 4 Minuten dünsten. Mit Salz und Pfeffer würzen.

4 Den Estragon waschen und trocken schütteln, die Blätter abzupfen, fein schneiden und zur Zitrusbutter geben. Den Fisch aus der Pfanne nehmen und nach Belieben die Haut abziehen. Die Meeräschenfilets mit Fleur de Sel und Piment d'Espelette würzen und mit der Zitrusbutter und dem Chicorée anrichten. Dazu passt Baguette.

Mein Tipp • Fischfilets grille und brate ich meistens mit Haut. Sie schützt das zarte Fleisch, sodass es schön saftig bleibt.

Ofen-Doraden
mit Zucchini-Limetten-Vinaigrette

Zutaten für 4 Personen

3 unbehandelte Limetten
4 Doraden (à ca. 350 g; küchenfertig)
1 Bund Zitronenthymian
6 Knoblauchzehen
Meersalz
Pfeffer aus der Mühle
ca. 8 EL Olivenöl
2 gelbe Zucchini (ca. 300 g)
ca. 20 g Ingwer
1 rote Chilischote
2 Schalotten
ca. 2 TL brauner Zucker
2 Stiele Verveine (Zitronenverbene)

1 Den Backofen auf 160 °C vorheizen. Die Limetten heiß waschen und trocken reiben. 2 Limetten in dünne Scheiben schneiden. Die Doraden innen und außen waschen und trocken tupfen. Auf beiden Seiten mit einem Messer mehrmals einritzen. Den Zitronenthymian waschen und trocken schütteln. 4 ungeschälte Knoblauchzehen leicht andrücken. Die Doraden innen und außen mit Salz und Pfeffer würzen, mit je 1 angedrückten Knoblauchzehe, einigen Limettenscheiben und Zitronenthymianzweigen füllen.

2 Ein Backblech oder einen großen Bräter mit 1 EL Olivenöl einfetten. Die Doraden darauflegen, mit 2 EL Olivenöl beträufeln und im Backofen auf der mittleren Schiene etwa 20 Minuten garen.

3 Für die Vinaigrette die Zucchini putzen, waschen und in feine Würfel schneiden. Den Ingwer schälen und ebenfalls in feine Würfel schneiden. Die Chilischote längs halbieren und nach Belieben entkernen, waschen und in feine Würfel schneiden. Von der restlichen Limette die Schale fein abreiben. Die Limette so großzügig schälen, dass auch die weiße Haut entfernt wird. Mit einem scharfen Messer die Filets zwischen den Trennhäuten herausschneiden, den dabei abtropfenden Saft auffangen und die Fruchtreste ausdrücken.

4 Die Schalotten und die restlichen Knoblauchzehen schälen und in feine Würfel schneiden. In einer Pfanne 3 EL Olivenöl erhitzen, die Schalotten, den Knoblauch und die Zucchini darin andünsten. Mit etwas Zucker bestreuen und karamellisieren. Ingwer, Chili und abgeriebene Limettenschale dazugeben und kurz mitdünsten. Die Limettenfilets etwas kleiner schneiden und unterheben. Die Verveine waschen und trocken schütteln, die Blätter abzupfen und fein schneiden. Mit dem restlichen Olivenöl zur Vinaigrette geben. Mit Salz, Zucker und Limettensaft abschmecken.

5 Die Doraden aus dem Ofen nehmen und filetieren. Die Filets auf vorgewärmten Tellern anrichten und die Vinaigrette darauf verteilen.

Mein Tipp • Verveine, auch Zitronenverbene oder Zitronenstrauch genannt, gehört zu den Eisenkrautgewächsen. Ihr frischer Zitronenduft und ihr feines Zitrusaroma passen sehr gut zu Salaten und Desserts. Verveine verleiht aber auch Fisch eine interessante Note.

Steinbutt
mit Speck-Kartoffel-Kruste

Zutaten für 4 Personen
Für den Steinbutt:
1 kleiner Steinbutt (ca. 1,2 kg; küchenfertig)

100 g Lardo (ital. fetter Speck; in dünnen Scheiben)

400 g festkochende Kartoffeln

3 EL Olivenöl

Meersalz

Pfeffer aus der Mühle

2–3 Stiele Majoran

Fleur de Sel

Für die Sauce:
50 g Lardo (ital. fetter Speck)

2 Schalotten

1 Knoblauchzehe

100 ml Weißwein

1 Stiel Majoran

400 ml Fischfond (aus dem Glas)

60 g kalte Butter

2 TL kleine Kapern

1 Stiel Petersilie

1 Tomate

Meersalz

Pfeffer aus der Mühle

1 Für den Steinbutt den Backofen auf 180 °C vorheizen. Den Steinbutt innen und außen waschen, trocken tupfen und mit der weißen Seite nach unten auf ein mit Backpapier belegtes Backblech legen. Den Lardo auf dem Fisch verteilen.

2 Die Kartoffeln schälen, waschen und in hauchdünne Scheiben hobeln. In eine Schüssel geben und mit dem Olivenöl, Salz und Pfeffer vermischen. Den Majoran waschen und trocken schütteln, die Blätter abzupfen, fein schneiden und untermischen. Die Kartoffelscheiben schuppenartig auf dem Steinbutt verteilen und den Fisch im Backofen auf der mittleren Schiene 20 bis 30 Minuten garen.

3 Inzwischen für die Sauce den Lardo in feine Würfel schneiden. Die Schalotten und den Knoblauch schälen und ebenfalls in feine Würfel schneiden. Den Lardo in einem Topf anbraten, die Schalotten und den Knoblauch dazugeben und andünsten. Mit dem Wein ablöschen und die Flüssigkeit einkochen lassen. Den Majoran waschen, trocken schütteln und hinzufügen. Den Fond angießen und auf die Hälfte einkochen lassen. Den Majoran herausnehmen, den Topf von der Herdplatte nehmen und die Butter in kleinen Stücken unterrühren. Die Kapern dazugeben.

4 Die Petersilie waschen und trocken schütteln, die Blätter abzupfen und fein schneiden. Die Tomate waschen und vierteln, den Stielansatz und die Kerne entfernen und das Fruchtfleisch in feine Würfel schneiden. Petersilie und Tomate zur Sauce geben und mit Salz und Pfeffer würzen.

5 Den Fisch herausnehmen (wer die Kruste brauner möchte, kann für einige Minuten den Backofengrill dazuschalten), die Kruste abheben und auf vorgewärmte Teller verteilen. Den Steinbutt filetieren und die Filets auf der Speck-Kartoffel-Kruste anrichten. Mit Fleur de Sel würzen und mit der Sauce servieren.

Mein Tipp • Aus Lardo und Kartoffeln kann man auch eine köstliche schnelle Beilage zubereiten: Den Lardo in Streifen schneiden, mit geviertelten Kartoffeln, Rosmarin, Thymian, Fenchelsamen und etwas Olivenöl mischen, würzen und in einer ofenfesten Form im Backofen bei 200 °C 30 bis 40 Minuten braten.

Kokos-Fisch-Curry
mit grünem Gemüse

Zutaten für 4 Personen

200 g Basmatireis

Meersalz

500 g Brokkoli

3 Stangen Staudensellerie

1 Bund Frühlingszwiebeln

30 g Ingwer

½ Chilischote

600 g Kabeljaufilet

4 EL Öl

Meersalz

1 TL Currypulver

300 ml Kokosmilch (aus der Dose)

¼ l Fischfond (aus dem Glas) oder Gemüsebrühe

1 Spritzer Limettensaft

30 g Erdnusskerne (geröstet)

1 Den Reis in ein Sieb geben und kalt abspülen. In einem Topf 400 ml Salzwasser zum Kochen bringen, den Reis dazugeben und zugedeckt bei schwacher Hitze etwa 20 Minuten garen.

2 Den Brokkoli putzen und in Röschen teilen, waschen und abtropfen lassen. Den Sellerie putzen, waschen und schräg in Scheiben schneiden. Die Frühlingszwiebeln putzen, waschen und schräg in Stücke schneiden. Den Ingwer schälen und in feine Würfel schneiden. Die Chilischote entkernen, waschen und ebenfalls in feine Würfel schneiden. Das Fischfilet waschen, trocken tupfen und in mundgerechte Würfel schneiden.

3 Im Wok 2 EL Öl erhitzen. Den Brokkoli und den Sellerie darin kurz anbraten. Mit Salz und Currypulver würzen und kurz weiterbraten. Die Kokosmilch und den Fond angießen, zum Kochen bringen und zugedeckt etwa 3 Minuten köcheln lassen.

4 Den Ingwer, Chili, Fisch und die Frühlingszwiebeln zu dem Gemüse geben und zugedeckt bei schwacher Hitze etwa 5 Minuten gar ziehen lassen. Das Curry mit Limettensaft und Salz abschmecken und mit den Erdnüssen mischen. Das Curry nach Belieben mit Korianderblättern und Kokosraspeln bestreuen und mit dem Reis servieren.

Mein Tipp • Wen kleine Ingwerwürfel im Gericht stören, kann den Ingwer auch reiben. Das geht am besten mit einer japanischen Ingwerreibe aus Porzellan oder Keramik, die in einer Vertiefung auch den wertvollen Ingwersaft auffängt.

Gefüllte Ofenkartoffeln
mit Lachs und Meerrettich

Zutaten für 4 Personen

4 große festkochende Kartoffeln
(à ca. 200 g; jeweils in gebutterte
Alufolie gewickelt im Backofen
bei 200 °C ca. 1 Stunde gegart)
Meersalz
100 g Salatgurke
200 g Lachsfilet (ohne Haut)
150 g Crème fraîche
2–3 EL fein geriebener Meerrettich
(frisch oder aus dem Glas)
2 EL Schnittlauchröllchen
Pfeffer aus der Mühle · 1 EL Butter

1 Den Backofen auf 150 °C vorheizen. Von den gegarten Kartoffeln an einer Längsseite einen Deckel abschneiden. Die Kartoffeln mit einem Löffel aushöhlen, dabei einen 1 cm breiten Rand stehen lassen. Die Kartoffeln innen leicht salzen und in eine ofenfeste Form setzen. Die Gurke schälen und vierteln, entkernen und in feine Würfel schneiden. Lachsfilet waschen, trocken tupfen und in 1 cm große Würfel schneiden.

2 Das Kartoffelinnere sowie das Innere der Deckel mit einer Gabel grob zerdrücken und mit dem Lachs mischen. Die Gurke, die Crème fraîche, den Meerrettich und den Schnittlauch unterrühren. Die Mischung mit Salz und Pfeffer abschmecken und in die Kartoffeln füllen. Die Butter in kleinen Stücken daraufgeben, die Kartoffeln mit Alufolie bedecken und im Backofen auf der mittleren Schiene etwa 10 Minuten erhitzen. Nach Belieben mit etwas Fliegenfisch- oder Lachskaviar anrichten und mit Kopfsalatherzen (siehe S. 24) servieren.

Lachsburger
mit Wasabi-Mayonnaise

Zutaten für 4 Personen

Für die Mayonnaise:

1 unbehandelte Limette

1 Ei · Meersalz · 3 TL Dijonsenf

150 ml geschmacksneutrales Öl

1 TL Wasabipaste (japan. Meerrettich)

1 EL Crème fraîche

Pfeffer aus der Mühle

Ahornsirup · einige Stiele Koriander

Für den Lachsburger:

500 g Lachsfilet (ohne Haut)

2 EL Schnittlauchröllchen

Meersalz · Piment d'Espelette

(oder Cayennepfeffer)

4 Hamburger-Brötchen

1 Stück Salatgurke · 3 EL Olivenöl

1 Für die Mayonnaise die Limette heiß waschen und trocken tupfen, die Schale fein abreiben und den Saft auspressen. Das Ei, etwas Salz und 1 TL Senf in einen Rührbecher geben und mit dem Stabmixer cremig aufschlagen. Das Öl in dünnem Strahl dazugeben und unterschlagen. Den Wasabi und die Crème fraîche unterrühren und die Mayonnaise mit Salz, Pfeffer, 1 Spritzer Limettensaft und etwas Ahornsirup würzen. Den Koriander waschen und trocken schütteln, die Blätter abzupfen, fein schneiden und untermischen. Die Mayonnaise mit Salz und Pfeffer abschmecken.

2 Für den Lachsburger den Backofen auf 120 °C vorheizen. Den Lachs waschen und trocken tupfen, in feine Würfel schneiden und mit Schnittlauch, restlichem Limettensaft und übrigem Senf vermischen. Mit Salz und Piment d'Espelette würzen.

3 Die Brötchen im Backofen erwärmen. Die Gurke waschen und in dünne Scheiben schneiden. Den Lachs in 4 Portionen teilen und nach Belieben mithilfe von Anrichtringen zu Frikadellen formen. In einer Pfanne das Olivenöl erhitzen und die Lachsfrikadellen darin auf beiden Seiten etwa 2 Minuten braten.

4 Die Brötchen aufschneiden. Etwas Mayonnaise und die Gurkenscheiben auf die Unterseite und die Lachsfrikadellen daraufgeben. Mit etwas Mayonnaise bestreichen und die Brötchenoberseiten darauflegen.

Mein Tipp • Lachsfrikadellen mit Wasabi-Mayonnaise serviere ich auch gerne als raffinierte Vorspeise. Dazu gibt es einen leichten Blatt- oder Gurkensalat mit einer Vinaigrette aus Ingwer, Limettensaft und 1 Spritzer Sesamöl.

Zitronen-Lachs-Tarte
mit Lauch und Zitronen-Crème-fraîche

Zutaten für 4–6 Personen

Für den Teig:

200 g Mehl

1 TL Zitronenthymianblättchen

Meersalz

100 g Butter

1 Ei

Für den Belag:

2 Stangen Lauch (ca. 600 g)

20 g Butter

Meersalz

Pfeffer aus der Mühle

1 unbehandelte Zitrone

250 g Lachsfilet (ohne Haut)

1 TL Zitronenthymianblättchen

250 g Schmand

3 Eier

Piment d' Espelette

(oder Cayennepfeffer)

Außerdem:

½ unbehandelte Zitrone

150 g Crème fraîche

1–2 EL Milch

2 EL Schnittlauchröllchen

100 g Räucherlachs (in dünnen Scheiben)

1 Für den Teig das Mehl in eine Schüssel geben. Die Zitronenthymianblättchen, 1 Prise Salz und die Butter in kleinen Stücken dazugeben, alles mit den Fingern zu Bröseln zerreiben. Das Ei verquirlen, hinzufügen und mit den Bröseln zügig zu einem glatten Teig verkneten. Den Teig zwischen zwei aufgeschnittenen Gefrierbeuteln zu einem Kreis (etwa 30 cm Durchmesser) ausrollen und den Boden einer Springform (26 cm Durchmesser) damit auslegen, dabei einen etwa 3 cm hohen Rand formen. Den Boden mehrmals einstechen und die Form 15 Minuten in das Tiefkühlfach stellen.

2 Inzwischen für den Belag den Lauch putzen und längs halbieren, waschen und in Streifen schneiden. In einer Pfanne die Butter erhitzen und den Lauch darin etwa 5 Minuten andünsten. Mit Salz und Pfeffer würzen und beiseitestellen. Die Zitrone heiß waschen, trocken reiben und die Schale fein abreiben. Den Lachs waschen, trocken tupfen und in dünne Streifen schneiden. Die Lachsstreifen in einer Schüssel mit der Zitronenschale, einigen Zitronenthymianblättchen und Pfeffer würzen.

3 Den Backofen auf 200 °C vorheizen. Den Schmand und die Eier verquirlen, mit Salz, Pfeffer und Piment d' Espelette kräftig würzen. Die restlichen Thymianblättchen dazugeben.

4 Den Teigboden im Backofen auf der mittleren Schiene 15 Minuten goldbraun backen. Herausnehmen und etwas abkühlen lassen. Die Ofentemperatur auf 180 °C reduzieren. Den unteren Rand der Springform außen rundum mit einem Streifen Alufolie abdichten. Den Lauch und den Lachs auf dem Teigboden verteilen und die Schmandmischung darübergießen. Die Tarte weitere 30 bis 35 Minuten backen. Herausnehmen und lauwarm abkühlen lassen.

5 Die Zitronenhälfte heiß waschen, trocken reiben und die Schale fein abreiben. Die Crème fraîche mit der Milch, der Zitronenschale und dem Schnittlauch verrühren. Die Lachstarte in Stücke schneiden und mit dem Räucherlachs und der Zitronen-Crème-fraîche anrichten.

Mein Tipp • Noch schneller geht die Tarte mit Filoteig aus dem Kühlregal. Dafür ein Filoteigblatt mit flüssiger Butter bestreichen und in die mit Butter eingefettete Form legen. Ein zweites Filoteigblatt darauflegen und den Rand rundum andrücken. Die Füllung daraufgeben und die Tarte bei 190 °C etwa 25 Minuten backen.

Fischfrikadellen
mit Gurken-Kartoffel-Salat

Zutaten für 4 Personen

Für den Salat:

600 g festkochende Kartoffeln

Meersalz

1 TL Kümmelsamen

4 EL Weißweinessig

150 g saure Sahne

Zucker

Pfeffer aus der Mühle

1 Salatgurke

Für die Frikadellen:

40 g Toastbrot (ohne Rinde)

150 g Sahne

1 Schalotte

1 Knoblauchzehe

40 g Butter

½ Bund Petersilie

½ Bund Schnittlauch

1 EL Kapern

600 g Seelachsfilet

½ TL abgeriebene unbehandelte Zitronenschale

1 TL Senf

Meersalz

Cayennepfeffer

1 Für den Salat die Kartoffeln waschen und ungeschält in Salzwasser mit Kümmel etwa 20 Minuten weich kochen.

2 Inzwischen für die Frikadellen das Toastbrot zerpflücken und in der Sahne einweichen. Die Schalotte und den Knoblauch schälen und in feine Würfel schneiden. In einer kleinen Pfanne 1 EL Butter erhitzen und die Schalotten- und Knoblauchwürfel darin kurz andünsten. Zum Abkühlen in eine Schüssel geben.

3 Die Petersilie waschen und trocken schütteln, die Blätter abzupfen und fein schneiden. Den Schnittlauch waschen, trocken schütteln und in Röllchen schneiden. Jeweils die Hälfte der Kräuter zur Schalottenmischung geben, die restlichen Kräuter für den Kartoffelsalat beiseitestellen. Die Kapern hacken und unter die Schalotten mischen.

4 Das Fischfilet waschen und trocken tupfen. Etwa ein Drittel des Filets in feine Würfel schneiden und zur Schalottenmischung geben. Das restliche Fischfilet in große Würfel schneiden und mit dem eingeweichten Toastbrot im Küchenmixer oder mit dem Stabmixer fein pürieren. Das Fischpüree zur Schalottenmischung geben und mit der Zitronenschale, dem Senf, 1 TL Salz und Cayennepfeffer würzen (siehe Tipp). Aus der Masse mit feuchten Händen 8 große oder 12 kleine Frikadellen formen. Die restliche Butter in einer Pfanne erhitzen und die Frikadellen darin auf beiden Seiten etwa 5 Minuten braten.

5 Die Kartoffeln abgießen und kalt abschrecken, pellen und in Scheiben schneiden. Die Kartoffelscheiben in eine Schüssel geben und salzen. Den Essig, die saure Sahne, 1 Prise Zucker, Salz und Pfeffer mit den restlichen Kräutern verrühren und zu den Kartoffeln geben. Die Gurke schälen und längs halbieren, entkernen und in Scheiben schneiden. Die Gurkenscheiben unter die Kartoffeln heben und den Salat mit Salz, Pfeffer und nach Belieben Essig abschmecken. Die Fischfrikadellen mit dem Gurken-Kartoffel-Salat servieren.

Mein Tipp • So teste ich, ob die Frikadellenmasse ausreichend gewürzt ist: Ich nehme eine Mini-Portion ab und drücke sie flach, brate sie in etwas Butter oder Öl und probiere sie dann.

Muscheln im Gemüsesud
mit Knoblauchbrot

Zutaten für 4 Personen

2 kg Miesmuscheln

3 Stangen Staudensellerie

200 g Möhren

4 Schalotten

6 Knoblauchzehen

½ Bund Thymian

ca. 8 EL Olivenöl

Meersalz

¼ l Weißwein

1 Lorbeerblatt

1 Baguette

Cayennepfeffer

1 Die Muscheln unter fließendem kaltem Wasser gründlich abbürsten und den »Bart« entfernen. Offene Exemplare aussortieren. Den Sellerie putzen, waschen und in feine Scheiben schneiden. Die Möhren putzen, schälen und in Streifen schneiden oder auf dem Gemüsehobel in Streifen hobeln (siehe S. 48). Die Schalotten schälen, halbieren und längs in Scheiben schneiden. 4 Knoblauchzehen schälen und in Scheiben schneiden. Den Thymian waschen und trocken schütteln.

2 Den Backofen auf 200 °C vorheizen. In einem großen Topf 4 EL Olivenöl erhitzen und die Knoblauchscheiben hineingeben. Die Muscheln hinzufügen und mit etwas Salz bestreuen. Den Wein angießen und zum Kochen bringen. Den Sellerie, die Möhren, die Schalotten, das Lorbeerblatt und die Hälfte der Thymianzweige dazugeben und alles zugedeckt 8 bis 10 Minuten garen, dabei den Topf zwischendurch rütteln.

3 Den restlichen Knoblauch schälen und in Scheiben schneiden. Das Brot in dünne Scheiben schneiden und auf das Ofengitter legen. Mit dem restlichen Olivenöl beträufeln, die Knoblauchscheiben und die übrigen Thymianzweige darauf verteilen und die Brote im Backofen auf der mittleren Schiene etwa 5 Minuten knusprig braten.

4 Die Muscheln und das Gemüse in ein Sieb gießen und dabei den Sud auffangen. Die Thymianzweige und das Lorbeerblatt entfernen, geschlossene Muscheln aussortieren. Den Muschelsud in einen Topf geben, etwas einkochen lassen und mit Salz und Cayennepfeffer abschmecken. Die Muscheln und das Gemüse wieder dazugeben, nochmals kurz erhitzen und mit dem Knoblauchbrot servieren. Nach Belieben eine Aïoli (Knoblauch-Mayonnaise; siehe Tipp) dazu reichen.

Mein Tipp • Für Aïoli gebe ich 1 Ei, 1 in Würfel geschnittene Knoblauchzehe, etwas Zitronensaft und Salz in einen Rührbecher und schlage alles mit dem Stabmixer cremig auf. Dann füge ich 100 ml geschmacksneutrales Öl und 5 EL Olivenöl in dünnem Strahl unter ständigem Schlagen dazu, wobei ich den Stabmixer langsam von unten nach oben ziehe. Die Aïoli mit Salz, Zitronensaft und Piment d'Espelette (oder Cayennepfeffer) abschmecken.

Gefüllte Calamaretti
auf Sommergemüse

Zutaten für 4 Personen

2–3 Scheiben Weißbrot (vom
Vortag; ca. 100 g)

1 Zwiebel

2 Knoblauchzehen

3 Sardellenfilets (in Öl
eingelegt)

2 Bund Petersilie

6 EL Olivenöl

1 unbehandelte Zitrone

3 EL geriebener Parmesan

Meersalz

Piment d'Espelette
(oder Cayennepfeffer)

500 g kleine Tintenfischtuben
(ca. 12 Stück; küchenfertig)

100 ml Weißwein

300 g Mini-Zucchini

1 Bund Frühlingszwiebeln

250 g Kirschtomaten

einige Stiele Basilikum

60 g schwarze Oliven
(entsteint)

1 Vom Brot die Rinde abschneiden und das Innere mit warmem Wasser beträufeln. Die Zwiebel und 1 Knoblauchzehe schälen und in feine Würfel schneiden. Die Sardellen abtropfen lassen und fein hacken. Die Petersilie waschen und trocken schütteln, die Blätter abzupfen und fein schneiden.

2 In einer Pfanne 2 EL Olivenöl erhitzen und die Zwiebel mit dem Knoblauch darin andünsten. Die Sardellen unterrühren und kurz mitdünsten. Das Weißbrot ausdrücken, zerzupfen und mit der Petersilie zur Sardellenmischung geben. Die Zitrone heiß waschen und trocken reiben, die Schale fein abreiben und mit dem Parmesan unter die Kräutermasse mischen. Mit Salz und Piment d'Espelette würzen.

3 Die Tintenfischtuben innen und außen waschen und trocken tupfen. Die Kräutermischung in die Tintenfische füllen und die Öffnungen mit kleinen Holzspießen verschließen.

4 In einer Pfanne 2 EL Olivenöl erhitzen. Die Tintenfische darin rundum anbraten. Den Wein angießen und die Tintenfische zugedeckt bei schwacher Hitze 20 Minuten garen.

5 Die Zucchini putzen, waschen und nach Belieben längs oder quer in Scheiben schneiden. Die Frühlingszwiebeln putzen, waschen und in feine Ringe schneiden. Die Tomaten waschen und halbieren. Die restliche Knoblauchzehe schälen und in Scheiben schneiden.

6 In einer zweiten Pfanne das restliche Olivenöl erhitzen und die Zucchini darin kräftig anbraten. Die Frühlingszwiebeln, die Tomaten und den Knoblauch dazugeben und einige Minuten mitbraten. Mit Salz und Pfeffer würzen. Das Basilikum waschen und trocken schütteln, die Blätter abzupfen und fein schneiden. Das Basilikum und die Oliven zum Gemüse geben und mit Salz und Piment d'Espelette abschmecken. Die gefüllten Calamaretti auf dem Sommergemüse anrichten. Dazu passt Weißbrot.

Mein Tipp • Mini-Zucchini sind fester als große Zucchini, denn sie enthalten nicht so viele Kerne. Große Zucchini können Sie für dieses Gericht natürlich genauso verwenden. Damit diese beim Anbraten aber ebenso knackig bleiben wie die kleinen, sollten Sie das weiche Innere vorher entfernen.

Linguine frutti di mare
mit Kirschtomaten

Zutaten für 4 Personen

300 g Venusmuscheln

2 getrocknete rote Chili-
schoten

200 g Calamaretti (Mini-
Tintenfische; beim Fisch-
händler vorbestellen)

250 g Riesengarnelen
(roh; geschält)

400 g Linguine

Meersalz

3 Knoblauchzehen

250 g Kirschtomaten

½ Bund Petersilie

6 EL Olivenöl

100 ml trockener Weißwein

Pfeffer aus der Mühle

1 Die Venusmuscheln in eine Schüssel mit kaltem Wasser geben. 1 Chilischote zerbröseln und dazugeben. Die Fangarme (Tentakel) der Calamaretti aus den Körpern (Tuben) ziehen. Die länglichen Fischbeine aus den Tuben entfernen. Die Augenpartien oberhalb der Tentakel abschneiden. Die kugelförmigen Kauwerkzeuge aus der Mitte der Tentakel drücken. Die Tuben und die Tentakel waschen, nach Belieben noch etwas kleiner schneiden und trocken tupfen.

2 Die Muscheln unter fließendem kaltem Wasser waschen, dabei aneinanderreiben, um alle Sandablagerungen zu entfernen. Offene Exemplare aussortieren.

3 Die Garnelen auf der Oberseite längs etwas einschneiden und den Darm entfernen. Die Garnelen waschen und trocken tupfen.

4 Die Linguine nach Packungsanweisung in reichlich kochendem Salzwasser bissfest garen. Den Knoblauch schälen und in Scheiben schneiden. Die Kirschtomaten waschen und halbieren. Die Petersilie waschen und trocken schütteln, die Blätter abzupfen und fein schneiden. Die Petersilienstiele beiseitelegen.

5 In einem Topf 2 EL Olivenöl erhitzen. Die Hälfte des Knoblauchs, die Petersilienstiele, die Muscheln und den Wein dazugeben. Die Muscheln zugedeckt etwa 5 Minuten garen. In einer großen Pfanne das restliche Olivenöl erhitzen. Den restlichen Knoblauch und die übrige zerbröselte Chilischote darin kurz andünsten. Die Garnelen und die Calamaretti (Tuben und Tentakel) hinzufügen und kurz und kräftig anbraten. Die Muscheln mit dem Sud dazugeben, dabei geschlossene Exemplare aussortieren und die Petersilienstiele entfernen. Die Kirschtomaten hinzufügen und alles mit Salz und Pfeffer würzen.

6 Die Linguine mit der Pastakralle oder -zange aus dem Kochwasser heben und zur Meeresfrüchtemischung geben. Gut vermischen, die Petersilie unterheben und die Pasta mit Salz und Pfeffer abschmecken.

Mein Tipp • Wenn man tiefgekühlte Meeresfrüchte für das Gericht verwendet, lässt man diese langsam auftauen und tupft sie mit Küchenpapier gut ab – sie ziehen sonst beim Anbraten Wasser.

Fleisch

Der große Braten ist ein Fall für die Feiertage. Wenn's aber wirklich schnell gehen soll, stehen bei Fleischfans Schnitzel, Steak & Co. auf der Speisekarte. Und natürlich das heiß geliebte Hackfleisch, das man so unglaublich vielfältig zubereiten kann. Mein Rat: Kaufen Sie Fleisch beim Fleischer Ihres Vertrauens, der Ihnen Auskunft zur Herkunft des Tieres geben kann. Und servieren Sie unbedingt auch mal wieder eine zarte Kalbs- oder Geflügelleber. Es lohnt sich!

Express-Rezepte für Fleisch

Ob Rind, Geflügel oder Schwein – aus allen Fleischsorten werden vom Fleischer edle Teilstücke wie Filet, Steaks oder Schnitzel geschnitten. Sie haben eine kurze Garzeit und sind ideal für die schnelle Küche. Sicherlich sind diese Stücke etwas teurer als beispielsweise Hackfleisch, aber es muss ja nicht gleich eine Riesenportion davon auf dem Teller liegen. Neben den vielen Rezeptvorschlägen auf den folgenden Seiten zeige ich Ihnen hier noch ein paar Zubereitungstricks für zartes Fleisch: wie man Entenfleisch für Asiagerichte ruck, zuck! zubereitet, im Nu einen leichten Imbiss à la Bella Italia zaubert und wie man einem Hähnchen Beine macht.

Geschnetzelte Entenbrust

Ideal für schnelle Wokgerichte ist in hauchdünne Scheiben geschnittene Entenbrust. Durch Marinieren in Sojasauce und Speisestärke wird sie butterweich und gart in der Wokpfanne in Minutenschnelle. Dazu serviere ich knackiges Asiagemüse, fertig!

Die Haut einer Entenbrust abziehen, in feine Würfel schneiden, knusprig ausbraten und extra servieren.

Das Fleisch mit einem scharfen Messer in sehr dünne Scheiben schneiden und in eine Schüssel geben.

1 TL Speisestärke und ca. 3 EL Sojasauce zum Fleisch geben und mit den Händen gut durchmischen.

Eine Pfanne stark erhitzen, etwas Öl hineingeben und das Fleisch 1 bis 2 Min. unter Wenden braten.

Superschnelle Tagliata

Dünn geschnittenes, kurz gebratenes Rindfleisch, serviert auf Rucola und bestreut mit gehobeltem Parmesan, nennen die Italiener Tagliata. Ich bereite dieses leichte Gericht mit dünnen Beefsteakscheiben (Rumpsteak) zu.

Die Rumpsteaks mit einem großen scharfen Messer seitlich ein-, aber nicht ganz durchschneiden.

Das Fleisch aufklappen, zwischen Frischhaltefolie legen und mit dem Plattiereisen oder einem Stieltopf sehr flach klopfen.

Das Fleisch salzen, in Olivenöl auf jeder Seite 1 Min. braten. Auf Rucola anrichten, mit Parmesan und Pfeffer bestreuen.

Knusprige Hähnchen aus dem Ofen

Ein knuspriges Hähnchen braucht seine Zeit, schwere Poularden garen schon mal bis zu 1 ½ Stunden im Backofen. Aber auch in der schnellen Küche müssen Sie nicht auf diesen Genuss verzichten:

Wenn ich es eilig habe, halbiere ich die Hähnchen, dann sind sie schon in gut 30 Minuten knusprig braun gebraten.

Das Hähnchen oder die Poularde mit einer Geflügelschere längs halbieren und mit der Haut nach oben auf ein Backblech legen. Den Backofen auf 180 °C vorheizen.

Das Hähnchen mit beiden Händen kräftig flach drücken.

Öl mit Gewürzen (z. B. Paprika, Chili, Salz) mischen. Das Hähnchen damit einstreichen, 30 bis 40 Min. braten.

Hühnersuppeneintopf
mit Wintergemüse

Zutaten für 4 Personen

1 Maispoulardenbrust
(ca. 200 g; mit Haut und
Knochen; vom Geflügel-
händler ausgelöst)
200 ml Weißwein
Meersalz
1 TL schwarze Pfefferkörner
5 Pimentkörner
1 Lorbeerblatt
1 großes Bund Suppengemüse
1 Zwiebel
1 Knoblauchzehe
1 Zweig Rosmarin
5–6 Stiele Petersilie
3 EL Olivenöl
Pfeffer aus der Mühle
¼ Wirsing
1 große Dose Tomaten
(850 ml Inhalt)
1 kleine Dose Cannellini-
Bohnen (425 ml Inhalt)
1 unbehandelte Zitrone

1 Das Maispoulardenbrustfilet und die Knochen waschen und in einen Topf geben. Den Wein und so viel kaltes Wasser angießen, dass alles knapp bedeckt ist. 1 TL Salz dazugeben und alles zum Kochen bringen. Eventuell aufsteigenden Schaum mit einem Schaumlöffel abschöpfen. Pfeffer- und Pimentkörner sowie das Lorbeerblatt dazugeben und die Brühe bei schwacher Hitze etwa 25 Minuten köcheln lassen.

2 Inzwischen das Suppengemüse putzen, waschen bzw. schälen und klein schneiden. Die Zwiebel und den Knoblauch schälen und in feine Würfel schneiden. Den Rosmarinzweig und die Petersilienstiele waschen, trocken schütteln und die Petersilienblätter abzupfen. In einem Topf das Olivenöl erhitzen, die Zwiebel und den Knoblauch darin andünsten. Das Suppengemüse hinzufügen, kurz mitdünsten und mit Salz und Pfeffer würzen. Etwas von der Hühnerbrühe abnehmen und zum Suppengemüse geben. Den Rosmarinzweig und die Petersilienstiele zum Gemüse geben und alles zugedeckt etwa 5 Minuten köcheln lassen.

3 Vom Wirsing den Strunk entfernen. Die Wirsingblätter waschen, in Rauten schneiden und zum Gemüse geben. Die Tomaten etwas zerkleinern und samt Flüssigkeit hinzufügen. Mit Salz und Pfeffer würzen und weitere 10 Minuten köcheln. Die Kräuterstiele entfernen.

4 Das Fleisch aus der Brühe nehmen, häuten und in mundgerechte Stücke zerpflücken oder schneiden. Die Brühe durch ein Sieb gießen und so viel davon zum Eintopf geben, bis die gewünschte Konsistenz erreicht ist. Die Bohnen abtropfen lassen, untermischen und den Eintopf nochmals aufkochen. Das Fleisch unterheben und den Eintopf mit Salz und Pfeffer abschmecken. Die Zitrone heiß waschen, trocken reiben und die Schale fein abreiben. Die Petersilienblätter fein schneiden, mit der Zitronenschale mischen und über den Eintopf streuen. Nach Belieben mit Parmesan bestreuen und mit Olivenöl beträufeln.

Mein Tipp • Kinder lieben diesen Eintopf, wenn anstelle der Bohnen kleine Nudeln drin sind. In Italien verwendet man dafür gerne Ditalini, kleine kurze Röhrennudeln. Die Nudeln am besten separat in Salzwasser garen und erst kurz vor dem Servieren zum Eintopf geben – so bleiben sie bissfest.

Backhendl
auf Kartoffel-Brunnenkresse-Salat

Zutaten für 4 Personen

600 g kleine neue Kartoffeln
Meersalz
4 Hähnchenbrustfilets
(à ca. 150 g)
3 Eier
ca. 80 g Mehl
ca. 80 g Semmelbrösel (vorzugsweise selbst gerieben aus Brötchen vom Vortag)
500 g Butterschmalz
Pfeffer aus der Mühle
1 Bund Brunnenkresse
½ Bund Radieschen
1 TL Senf
4 EL Weißweinessig
5 EL Hühnerbrühe
6 EL Rapsöl
2–3 EL Schnittlauchröllchen

1 Die Kartoffeln unter fließendem Wasser gründlich abbürsten und ungeschält in kochendem Salzwasser 15 bis 20 Minuten weich kochen.

2 Den Backofen auf 120 °C vorheizen. Die Hähnchenbrustfilets waschen und trocken tupfen. Jedes Filet quer halbieren oder dritteln. Die Eier in einen tiefen Teller aufschlagen und mit einer Gabel verquirlen. Das Mehl und die Semmelbrösel jeweils in einen tiefen Teller geben. In einer tiefen Pfanne das Butterschmalz erhitzen. Die Filetstücke mit Salz und Pfeffer würzen und nacheinander in Mehl, Eiern und Semmelbröseln wenden. Die panierten Filets im heißen Butterschmalz knusprig und goldbraun backen. Herausnehmen und auf Küchenpapier abtropfen lassen, dann auf ein Backblech legen und im Ofen warm stellen.

3 Die Kartoffeln abgießen, kalt abschrecken und etwas abkühlen lassen. In der Zwischenzeit die Brunnenkresse waschen, trocken schleudern und putzen, dabei die groben Stiele entfernen. Die Radieschen putzen, waschen und in Scheiben schneiden. Den Senf mit Essig, Brühe, Salz, Pfeffer und Öl zu einer Vinaigrette verquirlen.

4 Die Kartoffeln nach Belieben pellen, in Scheiben schneiden und in eine Schüssel geben. Die Vinaigrette untermischen und den Salat mit Salz und Pfeffer abschmecken. Die Brunnenkresse und den Schnittlauch unterheben. Die Radieschen darüberstreuen und den Kartoffel-Brunnenkresse-Salat mit dem Backhendl anrichten.

Mein Tipp • Butterschmalz ist reines Butterfett, aus dem durch Erhitzen das Milcheiweiß sowie Wasser entfernt wurden. Das übrig gebliebene Fett lässt sich stark erhitzen ohne zu verbrennen. Natürlich können Sie die Hähnchenteile auch in hoch erhitzbarem Pflanzenöl frittieren.

Gewürzhähnchen
auf Paprikakraut

Zutaten für 4 Personen

4 Hähnchenkeulen
(à ca. 250 g; vom Geflügelhändler in Ober- und Unterkeulen geteilt)
2 Hähnchenbrustfilets
(à ca. 180 g; mit Haut)
4 EL Olivenöl
2 EL Paprikapulver (edelsüß)
1½ TL Piment d' Espelette
(oder Cayennepfeffer)
Meersalz
2 Zwiebeln
1 Knoblauchzehe
2 rote Paprikaschoten
30 g Butter
800 g Sauerkraut (abgetropft)
200 ml Weißwein
1 kleine Dose geschälte
Tomaten (425 ml Inhalt)
1 TL Wacholderbeeren
1 TL schwarze Pfefferkörner
1 Lorbeerblatt
einige Zweige Thymian
1–2 Stiele Petersilie
200 g saure Sahne

1 Den Backofen auf 200 °C vorheizen. Die Hähnchenteile waschen und trocken tupfen. Das Olivenöl mit 1 EL Paprikapulver, 1 TL Piment d' Espelette und 1 TL Salz zu einer Marinade verrühren und die Hähnchenteile rundum damit bestreichen. Die Keulen und die Filets mit der Haut nach oben auf ein Backblech legen und im Backofen auf der mittleren Schiene etwa 25 Minuten braten. Die Keulen zwischendurch wenden.

2 Inzwischen die Zwiebeln und den Knoblauch schälen und in dünne Scheiben schneiden. Die Paprikaschoten längs vierteln und entkernen, waschen und in Streifen schneiden.

3 In einem Topf die Butter erhitzen und die Zwiebeln, den Knoblauch und die Paprikastreifen darin andünsten. Das Sauerkraut zerzupfen und unterheben. Mit Salz, dem restlichen Paprikapulver und dem restlichen Piment d' Espelette würzen. Den Wein angießen und etwas einkochen lassen. Die Tomaten samt Flüssigkeit dazugeben, etwas zerkleinern und untermischen. Die Wacholderbeeren, die Pfefferkörner und das Lorbeerblatt in einen Einwegteebeutel füllen. Den Thymian waschen, trocken schütteln und mit dem Gewürzbeutel zum Sauerkraut geben. Das Kraut etwa 15 Minuten köcheln.

4 Die Petersilie waschen und trocken schütteln, die Blätter abzupfen und fein schneiden. Die saure Sahne mit der Petersilie verrühren. Den Gewürzbeutel und den Thymian aus dem Sauerkraut nehmen. Das Kraut mit Salz und Pfeffer abschmecken und mit dem Paprikahähnchen anrichten. Die saure Sahne verrühren und separat dazu servieren. Dazu passen Stampfkartoffeln (siehe S. 56).

Mein Tipp • Wenn Ihnen die Sauerkrautstreifen zu lang sind, können Sie sie einfach mit der Küchenschere in kürzere Stücke schneiden. Etwas milder schmeckt Sauerkraut übrigens, wenn man es vor der Verwendung unter kaltem Wasser abbraust.

Brathähnchen
mit Krautfüllung und Ofenkartoffeln

Zutaten für 4 Personen

3 EL Olivenöl

100 g Salsiccia
(ital. grobe Bratwurst)

400 g Sauerkraut

1 TL Fenchelsamen

Meersalz

Pfeffer aus der Mühle

1 Lorbeerblatt

100 ml Apfelsaft

100 ml Weißwein

600 g festkochende Kartoffeln

80 g Tiroler Speck (in Scheiben)

1 Zweig Rosmarin

2 kleine Brathähnchen
(à 800 g–1000 g; küchenfertig)

4 EL flüssige Butter

1 In einer Pfanne 1 EL Olivenöl erhitzen. Die Salsiccia in kleinen Stückchen aus der Haut direkt in die Pfanne drücken und rundum braten, sodass das Fett austritt. Das Sauerkraut mit der Küchenschere etwas kleiner schneiden und in die Pfanne geben. Die Fenchelsamen im Mörser zerstoßen. Das Kraut mit Salz, Pfeffer und der Hälfte des Fenchels würzen. Das Lorbeerblatt dazugeben, den Saft und den Wein angießen und das Kraut etwa 10 Minuten dünsten.

2 Den Backofen auf 200 °C vorheizen. Die Kartoffeln schälen, waschen und längs vierteln. Den Tiroler Speck quer in Streifen schneiden. In einer großen Pfanne das restliche Olivenöl erhitzen und den Speck darin kurz anbraten. Die Kartoffeln dazugeben und rundum ebenfalls kurz anbraten. Den Rosmarin waschen, trocken schütteln und die Nadeln abzupfen. Die Rosmarinnadeln und den restlichen Fenchel zu den Kartoffeln geben. Die Kartoffeln mit Salz und Pfeffer würzen und beiseitestellen.

3 Die Hähnchen innen und außen waschen und trocken tupfen. Das Sauerkraut etwas abtropfen lassen, die Hähnchen damit füllen und die Öffnung mit kleinen Holzspießen verschließen. Die Keulen nach Belieben zusammenbinden. Die Hähnchen mit der Butter bestreichen und salzen, auf ein Backblech legen und im Ofen auf der mittleren Schiene 10 Minuten braten. Die Kartoffeln mit dem Speck auf das Blech geben und alles weitere 30 Minuten braten. Die Kartoffeln zwischendurch wenden.

4 Die Hähnchen tranchieren und mit der Krautfüllung und den Ofenkartoffeln anrichten.

Mein Tipp • Wenn Sie keine kleinen Brathähnchen bekommen, können Sie das Rezept auch mit einer Poularde (ca. 1 ½ kg schwer) zubereiten. Die Bratzeit verlängert sich dann allerdings auf 1 ¼ Stunden. Eine schnellere Alternative sind Stubenküken. Sie wiegen nur etwa 400 g und sind nach 25 Minuten gar.

Hähnchenspieße
mit Ananas-Kokos-Reis und Erdnusssauce

Zutaten für 4 Personen

400 ml Kokosmilch

300 ml Hühnerbrühe

2 Kaffir-Limettenblätter

200 g Basmatireis

4 Hähnchenbrustfilets

(à ca. 150 g)

ca. 150 ml Teriyaki-Sauce

(siehe Tipp)

ca. 20 g Ingwer

2 Knoblauchzehen

2 Schalotten

4 EL Öl

½ TL Chiliflocken

100 g Erdnussbutter (Crunchy)

Meersalz

1–2 EL Limettensaft

1 Baby-Ananas

1 Handvoll Korianderblätter

1 In einer Schüssel in kaltem Wasser 16 lange Holzspieße einweichen. 100 ml Kokosmilch, die Brühe und die Limettenblätter in einen Topf geben und aufkochen lassen. Den Reis einstreuen und zugedeckt bei schwacher Hitze etwa 20 Minuten quellen lassen.

2 Die Hähnchenfilets waschen, trocken tupfen und längs in dünne Streifen schneiden. Die Streifen wellenartig auf die Holzspieße stecken. Nebeneinander in eine ofenfeste Form oder auf ein Backblech legen und mit der Teriyaki-Sauce bestreichen.

3 Den Ingwer, den Knoblauch und die Schalotten schälen und in feine Würfel schneiden. In einem Topf 2 EL Öl erhitzen und Ingwer, Knoblauch und Schalotten darin andünsten. Die Chiliflocken darüberstreuen und kurz mitdünsten. Die Erdnussbutter und die restliche Kokosmilch unterrühren und aufkochen. Die Sauce mit Salz und Limettensaft abschmecken.

4 Den Backofengrill einschalten. Den Blattschopf der Ananas abschneiden. Die Ananas vierteln, das Fruchtfleisch von der Schale und in Würfel schneiden, unter den Reis heben. Den Koriander waschen und trocken schütteln, grob schneiden und unterheben.

5 Die Hähnchenspieße mit dem restlichen Öl beträufeln und unter dem Grill auf beiden Seiten je 2 bis 3 Minuten braten. Die Spieße mit der Erdnusssauce und dem Ananas-Kokos-Reis anrichten.

Mein Tipp • Teriyaki-Sauce ist eine Mischung aus Sojasauce, Ingwer, Mirin (süßer Reiswein), Sake und Zucker. Man bekommt sie in Asialäden und in gut sortierten Supermärkten. Fleisch und Fisch (vor allem Lachs) erhalten durch das Bestreichen mit Teriyaki-Sauce beim Braten einen schönen Glanz und ein herrliches Aroma.

Blitz-Paella
mit Huhn, Garnelen und Chorizo

Zutaten für 4 Personen

8 Riesengarnelen (mit Schale)

4 Hähnchenkeulen (à ca. 250 g; vom Geflügelhändler in Ober- und Unterkeulen geteilt)

4 EL Olivenöl

½ TL Currypulver

Meersalz

2 Zwiebeln

2 Knoblauchzehen

2 rote Spitzpaprika

100 g Tomaten

½ l Hühnerbrühe

2 Döschen Safranfäden (à 0,1 g)

Pfeffer aus der Mühle

250 g Langkornreis (parboiled)

100 g Erbsen (tiefgekühlt)

100 ml Weißwein

1 Bund Frühlingszwiebeln

100 g Chorizo (span. Paprikawurst)

1 Garnelen und Hähnchenkeulen waschen und trocken tupfen. 2 EL Olivenöl mit dem Currypulver und etwas Salz verrühren und die Hähnchenkeulen damit einstreichen.

2 Den Backofen auf 160 °C vorheizen. In einer großen Pfanne das restliche Olivenöl erhitzen. Die Garnelen darin etwa 2 Minuten anbraten und herausnehmen. Die Hähnchenkeulen in die Pfanne geben und rundum etwa 5 Minuten anbraten. Dann die Keulen auf ein Backblech legen und im Ofen auf der mittleren Schiene etwa 20 Minuten garen.

3 Die Zwiebeln und den Knoblauch schälen und in Scheiben schneiden. Die Paprikaschoten längs halbieren und entkernen, waschen und in Streifen schneiden. Die Tomaten waschen und halbieren, die Stielansätze entfernen und die Hälften grob hacken. Die Zwiebeln, den Knoblauch und die Paprika im Bratfett unter Rühren etwa 5 Minuten andünsten. Die Brühe erhitzen und mit dem Safran verrühren. Mit Salz und Pfeffer würzen.

4 Den Reis, die Erbsen und die Tomaten unter das Paprikagemüse mischen. Mit Wein ablöschen und einkochen lassen. Die Hälfte der Safranbrühe angießen und offen 5 Minuten köcheln lassen. Dann die restliche Brühe dazugeben und den Reis zugedeckt bei sehr schwacher Hitze etwa 20 Minuten quellen lassen.

5 Die gebratenen Garnelen auf die Paella geben und zugedeckt kurz erhitzen. Die Frühlingszwiebeln putzen, waschen und schräg in Ringe schneiden. Die Chorizo pellen und in Scheiben schneiden. Eine Pfanne erhitzen und die Chorizo darin knusprig anbraten. Die Frühlingszwiebeln mit der Chorizo mischen und auf der Paella verteilen. Die Hähnchenkeulen darauf anrichten.

Mein Tipp • Wer mag, kann zusätzlich 500 g Miesmuscheln unter die Paella mischen. Dafür die Muscheln gründlich abbürsten und den »Bart« entfernen, geöffnete Exemplare aussortieren. Etwas Weißwein mit 1 Lorbeerblatt aufkochen, die Muscheln dazugeben und zugedeckt garen, bis sich die Schalen öffnen, geschlossene Muscheln aussortieren. Die Muscheln unter die Paella mischen.

Tagliatelle
mit Entenbruststreifen und Pilzen

Zutaten für 4 Personen

2 Entenbrustfilets (à ca. 180 g;
mit Haut)

Meersalz

400 g Tagliatelle

400 g Pilze (z. B. Steinpilze,
braune Champignons und/
oder Kräuterseitlinge)

40 g Butter

Pfeffer aus der Mühle

1 Bund Frühlingszwiebeln

einige Zweige Thymian

1 Zweig Rosmarin

etwas alter Aceto balsamico

1 Stück Parmesan (ca. 50 g)

1 Den Backofen auf 140 °C vorheizen. Die Entenbrustfilets waschen und trocken tupfen. Die Haut mit einem Messer (oder einem Cutter) rautenförmig einritzen. Eine ofenfeste Pfanne erhitzen. Die Entenbrustfilets leicht salzen und in der Pfanne auf der Hautseite etwa 5 Minuten goldbraun braten. Wenden und im Backofen auf der mittleren Schiene etwa 15 Minuten fertig garen.

2 Inzwischen die Nudeln nach Packungsanweisung in reichlich kochendem Salzwasser bissfest garen. Die Pilze putzen, mit leicht angefeuchtetem Küchenpapier vorsichtig abreiben und in Scheiben schneiden. In einer zweiten Pfanne die Butter erhitzen und die Pilze darin unter Wenden anbraten. Mit Salz und Pfeffer würzen.

3 Die Frühlingszwiebeln putzen, waschen und in feine Ringe schneiden. Die Kräuter waschen und trocken schütteln, die Blätter bzw. Nadeln abzupfen und fein schneiden. Die Frühlingszwiebeln und die Kräuter zu den Pilzen geben und kurz mitdünsten. Mit Salz, Pfeffer und Essig abschmecken.

4 Die Entenbrustfilets aus dem Ofen nehmen und kurz ruhen lassen. Die Nudeln mit einer Pastakralle oder -zange aus dem Kochwasser nehmen und unter die Pilze mischen. Das Entenfleisch in dünne Scheiben schneiden und unterheben. Mit Salz und Pfeffer würzen. Den Parmesan hobeln und dazu servieren. Dazu passt Feldsalat (siehe S. 26).

Mein Tipp • Die Brustfilets von männlichen Enten sind viel größer (300 bis 350 g) als von weiblichen (ca. 180 g). Sie haben deshalb auch eine deutlich längere Garzeit.

Getrüffeltes Kalbskotelett
mit Kürbispüree

Zutaten für 4 Personen

4 Kalbskoteletts (à ca. 200 g;
mit Knochen)

10 g schwarze Trüffel (aus
dem Glas)

einige Zweige Thymian

2–3 Stiele Petersilie

4 EL Frischkäse

Meersalz

Pfeffer aus der Mühle

2 dünne Scheiben gekochter
Schinken

2 EL Olivenöl

100 g Butter

400 g vorwiegend fest-
kochende Kartoffeln

400 g Kürbisfruchtfleisch
(z. B. Muskatkürbis)

frisch geriebene Muskatnuss

200 ml Weißwein

1 Den Backofen auf 140 °C vorheizen. Die Koteletts waschen und trocken tupfen. Den Fettrand der Koteletts mehrmals einschneiden. Seitlich in jedes Kotelett eine Tasche schneiden. Die Trüffel in feine Würfel schneiden. Die Kräuter waschen und trocken schütteln, die Blättchen von 1 Thymianzweig abstreifen. Die Petersilienblätter abzupfen und zusammen mit den Thymian- blättchen fein schneiden. Den Frischkäse mit den Kräutern und den Trüffeln mischen und mit Salz und Pfeffer würzen. Die Schinkenscheiben halbieren, die Frischkäsemasse darauf verteilen und den Schinken locker aufrollen. Die Schinkenröllchen in die Taschen der Koteletts schieben. Die Öffnungen mit kleinen Holzspießen verschließen.

2 In einer ofenfesten Pfanne das Olivenöl erhitzen und die Koteletts darin auf beiden Seiten kräftig anbraten. Das Öl entfernen, 1 EL Butter und die rest- lichen Thymianzweige hinzufügen und die Koteletts im Ofen auf der mittleren Schiene etwa 20 Minuten gar ziehen lassen.

3 Inzwischen die Kartoffeln schälen, in Würfel schneiden und in Salzwasser etwa 10 Minuten kochen. Das Kürbisfruchtfleisch in Würfel schneiden. Zu den Kartoffeln geben und weitere 10 Minuten garen. Das Salzwasser ab- gießen und das Gemüse im Topf ausdampfen lassen. In einem kleinen Topf 50 g Butter zerlassen und braun werden lassen. Die braune Butter zur Kürbis- Kartoffel-Mischung geben und alles mit dem Stabmixer fein pürieren. Das Püree mit Salz, Pfeffer und Muskatnuss würzen.

4 Die Koteletts aus dem Ofen und aus der Pfanne nehmen. Den Bratensatz mit dem Wein ablöschen und etwas einkochen lassen. Die Pfanne von der Herdplatte nehmen und die restliche Butter in Stückchen einrühren. Die Sauce mit Salz, Pfeffer und nach Belieben mit etwas Trüffelsaft aus dem Glas abschmecken. Die Koteletts mit Sauce und Kürbispüree anrichten und nach Belieben mit einigen Trüffelscheiben garnieren.

Mein Tipp • Trüffel aus dem Glas sind günstiger, als man denkt. Sie können anstelle von Trüffel und gekochtem Schinken aber auch getrocknete Tomaten und Parmaschinken verwenden.

Gebratene Kalbsleber
mit karamellisiertem Pfirsich und Rucola

Zutaten für 4 Personen

2 große Pfirsiche · 80 g Rucola
½ Vanilleschote
60 g Butter · 1 TL brauner Zucker
150 ml Moscato (ital. Dessertwein;
ersatzweise Marsala)
5 Pimentkörner
1 TL rosa Pfefferbeeren
4 dünne Scheiben Kalbsleber
ca. 10 Salbeiblätter
Meersalz · Pfeffer aus der Mühle
2 EL milder Weißweinessig
4 EL Traubenkernöl · Fleur de Sel

1 Die Pfirsiche leicht einritzen. Kurz in kochendes Wasser legen, kalt abschrecken, häuten und halbieren. Die Steine entfernen, das Fruchtfleisch in Spalten schneiden. Den Rucola verlesen, waschen und trocken schütteln. Die Vanilleschote längs aufschneiden und das Mark herauskratzen.

2 In einer Pfanne 30 g Butter erhitzen und die Pfirsiche hineingeben, mit Zucker bestreuen und karamellisieren. Mit Moscato ablöschen und die Pfirsiche herausnehmen. Piment, Vanilleschote, -mark und nach Belieben 1 Zimtstange hinzufügen und den Sud auf 3 bis 4 EL einkochen lassen. Durch ein Sieb gießen, die Pfefferbeeren leicht andrücken und dazugeben.

3 In einer Pfanne die übrige Butter erhitzen und die trocken getupfte Leber darin auf beiden Seiten je 2 bis 3 Minuten braten, nach dem Wenden den Salbei hinzufügen. Den Gewürzsud mit Salz, Pfeffer, Essig und Öl verrühren. Pfirsiche und Rucola untermischen und auf Teller verteilen. Die Leber mit Fleur de Sel und Pfeffer würzen und darauf anrichten.

Bucatini

mit Entenleber

Zutaten für 4 Personen

1 große Dose geschälte Tomaten
(850 ml Inhalt)
2 Schalotten
1 Knoblauchzehe
1 Stange Staudensellerie
je 1 Zweig Rosmarin und Salbei
4 EL Olivenöl
100 ml Rotwein
Meersalz · Pfeffer aus der Mühle
400 g Bucatini (siehe Tipp)
300 g Entenlebern
3 EL Marsala (ital. Dessertwein)
1 Spritzer Aceto balsamico

1 Die Tomaten abtropfen lassen (den Saft beiseitestellen) und entkernen, die Stielansätze entfernen und das Fruchtfleisch hacken. Die Schalotten und den Knoblauch schälen und in feine Würfel schneiden. Den Sellerie putzen, waschen und in feine Würfel schneiden. Die Kräuter waschen und trocken schütteln.

2 In einer Pfanne 2 EL Olivenöl erhitzen und die Schalotten, den Knoblauch und den Sellerie darin andünsten. Den Wein angießen und etwas einkochen lassen. Die Tomaten und den Rosmarin dazugeben, mit Salz und Pfeffer würzen und 10 Minuten köcheln lassen. Falls nötig, noch etwas Tomatensaft hinzufügen.

3 Die Nudeln nach Packungsanweisung in reichlich kochendem Salzwasser bissfest garen. Die Lebern putzen und waschen, trocken tupfen und in mundgerechte Stücke schneiden. In einer zweiten Pfanne das restliche Olivenöl erhitzen und die Lebern darin auf beiden Seiten je 2 bis 3 Minuten braten. Die Salbeiblätter abzupfen und kurz mitbraten. Die Lebern aus der Pfanne nehmen. Den Bratensatz mit dem Marsala ablöschen, die Tomatensauce dazugeben und 1 bis 2 Minuten köcheln. Den Rosmarin entfernen und die Sauce mit Salz, Pfeffer und Essig abschmecken.

4 Die Nudeln mit einer Pastakralle oder -zange aus dem Kochwasser heben und zur Sauce geben. Die Lebern hinzufügen und alles gut vermischen. Mit Salz und Pfeffer abschmecken und nach Belieben mit geriebenem Parmesan servieren.

Mein Tipp • Bucatini sehen aus wie dicke Spaghetti und sind vor allem im Süden Italiens sehr beliebt. Ihre Oberfläche ist leicht rau, weshalb sie Saucen sehr gut aufnehmen können. Wenn Sie keine Bucatini bekommen, können Sie für dieses Gericht auch Maccheroni oder Maccheroncini verwenden.

Zweierlei Fleisch vom Grill
mit Risoni-Salat

Zutaten für 4 Personen
Für das Fleisch:

2 Rindersteaks (z. B. Rib Eye;
à ca. 250 g)

4 Hähnchenschenkel (à ca. 250 g;
Oberschenkelknochen vom
Geflügelhändler ausgelöst)

je 1 TL Kreuzkümmelsamen,
Korianderkörner und Fenchelsamen

80 ml Olivenöl

1 TL Paprikapulver (edelsüß)

2 TL abgeriebene unbe-
handelte Zitronenschale

2 EL Zitronensaft

½ TL Chiliflocken

½ TL gemahlene Kurkuma

Fleur de Sel

Für den Nudelsalat:

250 g Risoni (reisförmige
Nudeln)

Meersalz · 1 Ei · 1 TL Senf

150 ml Rapsöl

3–5 EL Tomatensaft

Pfeffer aus der Mühle

etwas Zitronensaft

250 g Kirschtomaten

50 g getrocknete Tomaten
(in Öl eingelegt)

2 EL kleine Kapern

½ Bund Basilikum

150 g Mini-Mozzarellakugeln

1 Für das Fleisch die Steaks trocken tupfen. Das Hähnchenfleisch waschen und trocken tupfen (eventuell zwischen 2 Bogen Frischhaltefolie etwas flach klopfen). Die beiden Steaks und das Hähnchenfleisch jeweils in einen Gefrier-beutel geben. Kreuzkümmel, Koriander und Fenchel jeweils separat im Mörser zerstoßen. Das Olivenöl mit dem Paprikapulver, der Zitronenschale, dem Zitro-nensaft und dem Kreuzkümmel zu einer Marinade verrühren und gleichmäßig auf zwei Schälchen verteilen. Die eine Hälfte mit Koriander und Chiliflocken, die andere Hälfte mit Fenchel und Kurkuma verrühren. Die Chilimarinade zu den Steaks, die Fenchelmarinade zum Hähnchen geben und gut um das Fleisch verteilen. Die Gefrierbeutel verschließen.

2 Für den Nudelsalat die Risoni nach Packungsanweisung in reichlich kochendem Salzwasser bissfest garen. Inzwischen für das Dressing Ei und Senf in einen Rührbecher geben und mit dem Stabmixer cremig schlagen. Das Öl in dünnem Strahl dazugeben und unterschlagen. So viel Tomatensaft dazugeben, bis das Dressing die gewünschte Konsistenz hat. Mit Salz, Pfeffer und Zitronensaft würzen.

3 Die Kirschtomaten waschen und halbieren. Die getrockneten Tomaten abtropfen lassen und in kleine Würfel schneiden. Die Nudeln in ein Sieb abgießen, kalt abschrecken und abtropfen lassen. Die Nudeln, die Kirsch-tomaten, die getrockneten Tomaten und die Kapern in eine Schüssel geben. Das Dressing darübergießen und alles gut mischen. Das Basilikum waschen und trocken schütteln, die Blätter abzupfen, grob schneiden und mit den Mozzarellakugeln unter den Salat heben. Mit Salz und Pfeffer abschmecken.

4 Eine Grillpfanne, den Backofengrill oder den Gartengrill vorheizen. Das Fleisch aus den Gefrierbeuteln nehmen, abtropfen lassen und unter Wenden auf beiden Seiten je 2 bis 3 Minuten (Steak, medium) bzw. 5 bis 6 Minuten (Hähnchen, es sollte durchgebraten sein) grillen. Mit Fleur de Sel bestreuen und mit dem Risoni-Salat anrichten.

Rumpsteak
mit gegrillten Auberginen und Kichererbsen

Zutaten für 4 Personen

2 Auberginen

Meersalz

4 Rumpsteaks (à ca. 200 g)

5 EL Olivenöl

einige Zweige Thymian

1–2 Zweige Rosmarin

4 Knoblauchzehen

Pfeffer aus der Mühle

2 Schalotten

1 kleine Dose Kichererbsen
(425 ml Inhalt)

ca. 1 TL Baharat (arab.
Gewürzmischung; oder
je ¼ TL Kreuzkümmel,
Paprikapulver und Koriander,
je 1 Prise Zimtpulver und
frisch geriebene Muskatnuss)

4 Tomaten

1–2 TL Sherryessig

1 Den Backofen auf 120 °C vorheizen. Die Auberginen putzen und waschen, in Scheiben schneiden und in ein Sieb legen. Die Auberginenscheiben mit Salz bestreuen, mit einer Schüssel beschweren und Wasser ziehen lassen.

2 Die Steaks trocken tupfen und salzen. In einer Pfanne 2 EL Olivenöl erhitzen und die Steaks darin auf beiden Seiten anbraten. Die Kräuter waschen und trocken schütteln. Die ungeschälten Knoblauchzehen leicht andrücken. Kräuter und Knoblauch zu den Steaks geben und kurz mitbraten. Die Steaks mit den Kräutern und dem Knoblauch in eine ofenfeste Form legen und mit Pfeffer bestreuen, mit 2 EL Olivenöl beträufeln und im Ofen auf der mittleren Schiene etwa 10 Minuten gar ziehen lassen.

3 Die Schalotten schälen, in Streifen schneiden und im Bratfett der Steaks kurz andünsten. Die Kichererbsen abtropfen lassen und in die Pfanne geben. Die Gewürzmischung, Salz und Pfeffer dazugeben und alles erhitzen. Die Tomaten waschen und vierteln, die Stielansätze entfernen. Die Tomatenviertel entkernen und das Fruchtfleisch mit einem scharfen Messer von den Häuten schneiden. Die Tomatenfilets in grobe Würfel schneiden und zu den Kichererbsen geben. Einige Minuten erhitzen und mit Salz, Pfeffer und Essig abschmecken.

4 Eine Grillpfanne erhitzen und mit dem restlichen Olivenöl einstreichen. Die Auberginen trocken tupfen und in der Pfanne unter Wenden etwa 3 Minuten braten. Mit Salz und Pfeffer würzen und auf Teller verteilen. Die Kichererbsen darübergeben, die Steaks darauf anrichten. Dazu passt frisches Baguette.

Mein Tipp • Kichererbsen sind aus der arabischen Küche nicht wegzudenken, während sie bei uns leider ein Schattendasein führen. Da getrocknete Kichererbsen eine lange Einweich- und Kochzeit benötigen, verwende ich als schnelle Alternative Kichererbsen aus der Dose.

Mariniertes Rinderfilet
mit Pak Choi

Zutaten für 4 Personen

600 g Rinderfilet (Mittelstück)

Meersalz

6 EL Olivenöl

Pfeffer aus der Mühle

2 Knoblauchzehen

20 g Ingwer

1 rote Chilischote

2 EL Limettensaft

4 EL Mirin (japan. Reiswein;
siehe Tipp)

2 EL Sojasauce

1 Bund Frühlingszwiebeln

4 kleine Pak Choi

1 Handvoll Koriander

1 Den Backofen auf 160 °C vorheizen. Das Rinderfilet trocken tupfen und leicht salzen. In einer ofenfesten Pfanne 2 EL Olivenöl erhitzen und das Fleisch darin rundum anbraten. Mit Pfeffer würzen und im Backofen auf der mittleren Schiene 15 bis 20 Minuten weitergaren.

2 Den Knoblauch und den Ingwer schälen und in feine Würfel schneiden. Die Chilischote waschen und längs halbieren, nach Belieben entkernen und fein schneiden. Knoblauch, Ingwer und Chili mit Limettensaft, Mirin, Sojasauce und 2 EL Olivenöl zu einer Marinade verrühren.

3 Die Frühlingszwiebeln putzen, waschen und in feine Ringe schneiden. Den Pak Choi putzen, waschen und längs vierteln. Im Wok oder in einer großen Pfanne das restliche Olivenöl erhitzen und den Pak Choi darin einige Minuten braten. Die Hälfte der Frühlingszwiebeln und 2 bis 3 EL von der Marinade hinzufügen und alles gut mischen.

4 Das Fleisch aus dem Ofen nehmen und etwa 5 Minuten ruhen lassen. Den Fleischsaft zum Pak Choi geben. Den Koriander waschen, trocken schütteln, die Blätter abzupfen und nach Belieben grob schneiden. Das Fleisch in sehr dünne Scheiben schneiden, auf Teller verteilen und die Marinade darübergeben. Mit den restlichen Frühlingszwiebeln und dem Koriander bestreuen und mit dem Pak Choi anrichten.

Mein Tipp • Mirin ist ein likörartiger, süßer Reiswein aus Japan. Er hat eine goldgelbe Farbe und wird traditionell zum Süßen von Speisen eingesetzt. Mirin ist Bestandteil vieler japanischer Saucen wie Teriyaki- oder Yakitori-Sauce.

Rotwein-Risotto
mit Rindfleisch und Knusper-Kräutern

Zutaten für 4 Personen

1 rote Zwiebel · 1 Knoblauchzehe
50 g Pancetta (ital. Bauchspeck)
oder Bacon
je 3 Zweige Rosmarin und Salbei
70 g Butter
250 g grobes Rinderhackfleisch
Meersalz · Pfeffer aus der Mühle
250 g Risottoreis
200 ml trockener Rotwein
ca. 900 ml heiße Hühnerbrühe
200 ml Öl
50 g geriebener Parmesan

1 Zwiebel und Knoblauch schälen und in feine Würfel schneiden. Pancetta in Würfel schneiden. Kräuter waschen und trocken schütteln. In einem Topf 30 g Butter erhitzen. Zwiebel, Knoblauch und Pancetta darin andünsten. Das Hack mitbraten, mit Salz und Pfeffer würzen. Den Reis einige Minuten mitdünsten. Wein angießen und einkochen lassen.

2 Je 1 Rosmarin- und Salbeizweig hinzufügen. So viel Brühe dazugießen, dass der Reis knapp bedeckt ist und bei schwacher Hitze unter gelegentlichem Rühren einkochen lassen. Den Vorgang so oft wiederholen, bis der Risotto cremig ist, aber noch Biss hat (etwa 20 Minuten).

3 Den übrigen Rosmarin etwas zerpflücken und die Salbeiblätter abzupfen. In einem Topf das Öl erhitzen und die Kräuter darin knusprig frittieren. Den Risotto vom Herd nehmen, die Kräuterzweige entfernen und die restliche Butter und den Parmesan unterrühren. Mit Salz und Pfeffer würzen. Die knusprigen Kräuter auf dem Risotto anrichten.

Polettos Hamburger
mit Kräuterremoulade

Zutaten für 4 Personen

Für die Remoulade:

3–4 Cornichons · 2–3 EL Kapern

je einige Stiele Petersilie und Schnittlauch

1 Schalotte · 1 Ei · Meersalz

1 TL Dijonsenf

150 ml geschmacksneutrales Öl

Pfeffer aus der Mühle · etwas Zitronensaft

Außerdem:

einige Blätter Mini-Romanasalat

2 Tomaten · 1 Stück Salatgurke

4 Hamburger-Brötchen

500 g Beefsteak-Hack (Rindertatar)

Meersalz · Pfeffer aus der Mühle

2 EL Öl · 4 Scheiben Schnittkäse (z. B. Gouda)

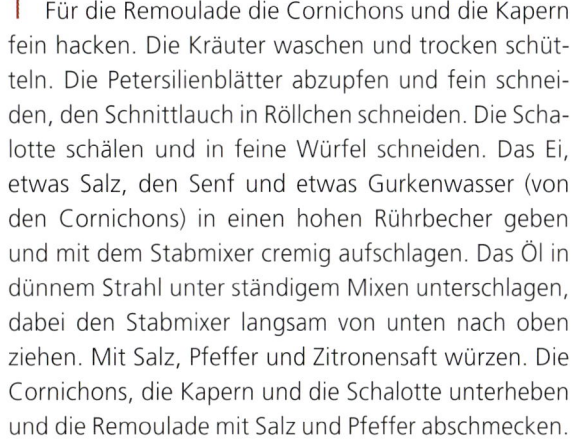

1 Für die Remoulade die Cornichons und die Kapern fein hacken. Die Kräuter waschen und trocken schütteln. Die Petersilienblätter abzupfen und fein schneiden, den Schnittlauch in Röllchen schneiden. Die Schalotte schälen und in feine Würfel schneiden. Das Ei, etwas Salz, den Senf und etwas Gurkenwasser (von den Cornichons) in einen hohen Rührbecher geben und mit dem Stabmixer cremig aufschlagen. Das Öl in dünnem Strahl unter ständigem Mixen unterschlagen, dabei den Stabmixer langsam von unten nach oben ziehen. Mit Salz, Pfeffer und Zitronensaft würzen. Die Cornichons, die Kapern und die Schalotte unterheben und die Remoulade mit Salz und Pfeffer abschmecken.

2 Den Backofen auf 120 °C vorheizen. Die Salatblätter waschen, trocken schütteln und zerpflücken. Die Tomaten waschen und in Scheiben schneiden, dabei die Stielansätze entfernen. Die Gurke waschen und ebenfalls in Scheiben schneiden. Die Brötchen im Ofen erwärmen.

3 Das Hackfleisch mit Salz und Pfeffer bestreuen, verkneten und in 4 Portionen teilen. In einer Pfanne das Öl erhitzen. Die Fleischportionen jeweils flach drücken und im Öl auf beiden Seiten je etwa 3 Minuten braten. Während des Bratens nochmals flach drücken.

4 Die Brötchen aufschneiden. Etwas Kräuterremoulade auf den Unterseiten verteilen, mit Salat, Tomate, Fleisch, Käse und Gurken belegen. Restliche Remoulade darauf verteilen und die Oberseiten auflegen.

Mein Tipp • Für das Gelingen der Remoulade ist es wichtig, dass alle Zutaten ungefähr die gleiche Temperatur haben. Die Eier deshalb einige Zeit vorher aus dem Kühlschrank nehmen.

Schweinefilet
mit Meerrettichkruste und Gurken-Kartoffel-Gemüse

Zutaten für 4 Personen

600 g vorwiegend fest-
kochende Kartoffeln

1 Salatgurke

1 Zwiebel

60 g Butter

Meersalz

Pfeffer aus der Mühle

100 ml Weißwein

100 ml Gemüsebrühe

20 g Semmelbrösel

30 g geriebener Parmesan

3 EL Meerrettich (frisch
gerieben oder aus dem Glas)

1 EL Schnittlauchröllchen

8 Schweinemedaillons
(2–3 cm dick; ca. 600 g)

2 EL Öl

3–4 EL grober Dijonsenf

100 g Sahne

einige Stiele Dill

1 Die Kartoffeln waschen, schälen und in 2 bis 3 cm große Würfel schneiden. Die Gurke schälen und längs vierteln, die Kerne entfernen und die Viertel in 2 bis 3 cm dicke Stücke schneiden. Die Zwiebel schälen und in feine Würfel schneiden.

2 In einem Topf 30 g Butter erhitzen. Die Zwiebel darin andünsten, die Kartoffeln und die Gurke dazugeben und etwa 3 Minuten mitdünsten. Mit Salz und Pfeffer würzen. Den Wein und die Brühe angießen, aufkochen lassen und das Gemüse zugedeckt 15 Minuten garen.

3 Die Semmelbrösel, den Parmesan, den Meerrettich und den Schnittlauch mischen. Die Medaillons trocken tupfen und leicht salzen. In einer ofenfesten Pfanne das Öl erhitzen und das Fleisch darin auf beiden Seiten je etwa 2 Minuten goldbraun anbraten.

4 Den Backofengrill einschalten. Die Medaillons mit Pfeffer würzen und auf der oberen Seite mit 2 EL Senf bestreichen. Die Meerrettichmischung darauf verteilen, etwas andrücken und die restliche Butter in Flöckchen darauflegen. Die Medaillons unter dem Backofengrill auf der mittleren Schiene goldbraun überbacken.

5 Die Sahne mit 1 EL Senf verrühren, zum Gemüse geben und aufkochen. Den Dill waschen und trocken schütteln, die Spitzen abzupfen und fein schneiden. Den Dill unter das Gemüse rühren und mit Salz, Pfeffer und Senf abschmecken. Die Medaillons mit dem Gurken-Kartoffel-Gemüse anrichten.

Mein Tipp • Wer die Kruste vorbereiten will, kann die Zutaten mit der weichen Butter verkneten, zur Rolle formen, in Frischhaltefolie wickeln und im Kühlschrank fest werden lassen. Bei Bedarf dann einfach Scheiben von der Rolle abschneiden und die Medaillons damit belegen.

»Schweinische« Rouladen
mit Birnen-Bohnen-Speck-Salat

Zutaten für 4 Personen

500 g grüne Bohnen
Meersalz
8 sehr dünne Schweineschnitzel (à ca. 80 g; vom Fleischer auf der Aufschnittmaschine geschnitten)
8 sehr dünne Scheiben Lardo (ital. fetter Speck)
8 Scheiben Tiroler Speck oder Bacon
3 rote Zwiebeln
1 EL Schweineschmalz
2–3 Stiele Majoran
2 TL Dijonsenf
¼ l Cidre Poiré (Birnen-Cidre)
4 EL Rapsöl
2 Birnen
1–2 EL Apfelessig
Pfeffer aus der Mühle

1 Die Bohnen putzen, waschen und nach Belieben halbieren. In einem Topf Salzwasser zum Kochen bringen und die Bohnen darin 7 bis 8 Minuten bissfest garen. Abgießen, kalt abschrecken und abtropfen lassen.

2 Die Schnitzel trocken tupfen, leicht salzen und jeweils mit 1 Scheibe Lardo belegen. Den Tiroler Speck quer in Streifen schneiden. Die Zwiebeln schälen, 1 Zwiebel beiseitelegen, die beiden anderen in feine Würfel schneiden. In einer Pfanne 1 TL Schmalz erhitzen und die Hälfte der Speckstreifen darin anbraten. Die Zwiebelwürfel dazugeben und mitdünsten. Den Majoran waschen und trocken schütteln, einige Blätter abzupfen, dazugeben und kurz mitdünsten. Den Senf unterrühren, die Zwiebelmischung etwas abkühlen lassen und auf den Schnitzeln verteilen. Das Fleisch aufrollen und die Enden mit kleinen Holzspießen feststecken.

3 Den Backofen auf 140 °C vorheizen. Das restliche Schmalz in einer ofenfesten Pfanne erhitzen und die Schnitzelröllchen darin rundum anbraten. Mit 150 ml Cidre ablöschen und die Flüssigkeit etwas einkochen lassen. Die Rouladen zugedeckt im Ofen auf der mittleren Schiene etwa 15 Minuten garen.

4 In einer zweiten Pfanne 1 EL Öl erhitzen, die restlichen Speckstreifen darin knusprig anbraten und herausnehmen. Die restliche Zwiebel halbieren und in Streifen schneiden, im verbliebenen Bratfett andünsten und mit dem restlichen Cidre ablöschen. Die Bohnen dazugeben und mit den Zwiebelstreifen mischen. Nach Belieben einige Majoranblätter unterheben.

5 Die Birnen vierteln, schälen und die Kerngehäuse entfernen. Die Viertel in Spalten schneiden. Die Birnenspalten, 1 EL Essig und das restliche Öl mit den Bohnen mischen. Den Birnen-Bohnen-Salat mit dem restlichen Essig, Salz und Pfeffer abschmecken und den knusprigen Speck darübergeben. Die Rouladen schräg halbieren und mit dem Salat anrichten. Dazu passen Stampfkartoffeln (siehe S. 56).

Mein Tipp • Cidre Poiré ist ein leicht prickelnder Birnenwein aus der Normandie. Alternativ können Sie natürlich Apfel-Cidre oder auch Apfelsaft verwenden.

Salsiccia-Radicchio-Strudel
mit Gorgonzolasauce

Zutaten für 4 Personen

4–5 EL Olivenöl
200 g Salsiccia (ital. grobe Bratwurst)
1 rote Zwiebel
200 g braune Champignons
einige Zweige Thymian
1 Zweig Rosmarin
Pfeffer aus der Mühle
1 Radicchio (ca. 200 g)
Meersalz
etwas alter Aceto balsamico
4 Blätter Strudelteig (aus dem Kühlregal)
1 TL grobes Meersalz
¼ l Milch
120 g Gorgonzola

1   In einer Pfanne 2 EL Olivenöl erhitzen. Die Salsiccia in kleinen Stücken aus der Haut in die Pfanne drücken und rundum 3 bis 4 Minuten anbraten. Inzwischen die Zwiebel schälen und in feine Würfel schneiden. Die Pilze putzen, mit leicht angefeuchtetem Küchenpapier vorsichtig abreiben und grob hacken.

2   Die Salsiccia herausnehmen und auf Küchenpapier abtropfen lassen. Falls die Stückchen noch sehr groß sind, etwas feiner schneiden. Die Zwiebel und die Pilze im Bratfett 5 Minuten andünsten. Die Kräuter waschen und trocken schütteln, die Blättchen bzw. Nadeln abzupfen und grob schneiden. Die Kräuter zur Pilzmischung geben und kurz mitdünsten. Mit Pfeffer würzen, herausnehmen und etwas abkühlen lassen.

3   Den Radicchio putzen und waschen, trocken schleudern und die Blätter in Streifen schneiden. Mit der Pilzmischung und der Salsiccia in eine Schüssel geben. Alles locker mischen und die Radicchiomischung mit wenig Salz (die Wurst ist ziemlich würzig), Pfeffer und Essig abschmecken.

4   Den Backofen auf 200 °C vorheizen. Auf der Arbeitsfläche 1 Strudelteigblatt ausbreiten und mit etwas Olivenöl bestreichen. Das zweite Strudelblatt darauflegen und ebenfalls mit Olivenöl bestreichen. Die Hälfte der Radicchiomischung in einem breiten Streifen im unteren Drittel des Teiges verteilen. Den Teig aufrollen, die Rolle mit der Naht nach unten auf ein mit Backpapier belegtes Backblech legen und die Seiten nach oben einschlagen. Den Strudel mit Olivenöl bestreichen. Aus dem restlichen Teig und der übrigen Füllung auf die gleiche Weise einen Strudel herstellen. Die Strudel mit dem groben Meersalz bestreuen und im Ofen auf der mittleren Schiene 15 bis 20 Minuten goldbraun backen.

5   In einem kleinen Topf die Milch erhitzen, den Gorgonzola darin schmelzen und die Sauce etwas einkochen lassen. Die Sauce zum Strudel servieren.

Mein Tipp • Die Salsiccia-Radicchio-Mischung passt auch gut zu Pasta. Dafür den Radicchio kurz in etwas Öl anbraten, mit Pilzen und Salsiccia mischen und die Nudeln unterheben.

Lammkarree
mit Tomaten-Oliven-Kruste und Peperonata

Zutaten für 4 Personen

Für das Lammkarree:

ca. 1,2 kg Lammkarree (ohne Fettschicht)

Meersalz

3 EL Olivenöl

Pfeffer aus der Mühle

einige Zweige Rosmarin

3 Knoblauchzehen

50 g schwarze Oliven (entsteint)

50 g halb getrocknete Tomaten (in Öl eingelegt)

50 g Kirschtomaten

3 Zweige Thymian

2 Stiele Petersilie

1 Scheibe Toastbrot

30 g geriebener Parmesan

Für die Peperonata:

je 2 gelbe und rote Paprikaschoten

2 rote Zwiebeln

2 Knoblauchzehen

3 EL Olivenöl

150 g Kirschtomaten

Meersalz

Pfeffer aus der Mühle

3–4 Stiele Basilikum

1 EL Kapern

1 Für das Lammkarree den Backofen auf 140 °C vorheizen. Das Lammkarree trocken tupfen und salzen. In einem Bräter oder einer ofenfesten Pfanne das Olivenöl erhitzen und das Lammkarree darin auf der Fleischseite anbraten. Wenden und mit Pfeffer würzen. Den Rosmarin waschen, trocken schütteln und dazugeben. Die ungeschälten Knoblauchzehen leicht andrücken und hinzufügen. Das Lammkarree im Ofen auf der mittleren Schiene 15 bis 20 Minuten braten.

2 Inzwischen die Oliven und die abgetropften eingelegten Tomaten fein hacken. Die Kirschtomaten waschen und in feine Würfel schneiden. Den Thymian und die Petersilie waschen, trocken schütteln und die Blätter abzupfen. Vom Toastbrot die Rinde abschneiden und das Innere zerpflücken.

3 Die Kräuterblätter und die Toaststückchen im Küchenmixer oder mit dem Stabmixer zu Bröseln verarbeiten. Die Brösel mit den Oliven, den getrockneten Tomaten und dem Parmesan mischen und mit 2 bis 3 EL Öl von den eingelegten Tomaten zu einer dicken Paste verrühren. Mit Pfeffer würzen.

4 Für die Peperonata die Paprikaschoten längs vierteln und entkernen, waschen und in Streifen schneiden. Die Zwiebeln schälen, halbieren und in Streifen schneiden. Den Knoblauch schälen und in Scheiben schneiden. In einer Pfanne das Olivenöl erhitzen und die Zwiebeln und den Knoblauch darin andünsten. Die Paprika dazugeben und unter Rühren etwa 5 Minuten mitdünsten. Die Kirschtomaten waschen, halbieren und ebenfalls kurz mitdünsten. Mit Salz und Pfeffer würzen und die Peperonata zugedeckt 5 Minuten schmoren.

5 Das Lammkarree aus dem Ofen nehmen und den Backofengrill einschalten. Die Würzpaste auf dem Fleisch verteilen und das Karree unter dem Backofengrill 2 bis 3 Minuten gratinieren.

6 Das Basilikum waschen und trocken schütteln, die Blätter abzupfen, grob schneiden und mit den Kapern unter die Peperonata heben. Die Peperonata mit Salz abschmecken. Das Lammkarree mit der Peperonata anrichten.

Schnelles Lamm-Ossobuco
mit Bulgursalat

Zutaten für 4 Personen

½ TL schwarze Pfefferkörner

1 TL Korianderkörner

4 EL Olivenöl

2 Knoblauchzehen

2 Zweige Rosmarin

4 dünne Scheiben Lammfleisch

(à ca. 150 g; mit Knochen,

aus der Hüfte geschnitten)

150 g Instant-Bulgur (grobe

Weizengrütze)

Meersalz

1 Salatgurke

250 g Tomaten

1 rote Zwiebel

2–3 Stiele Minze

1 Bund Petersilie

1 unbehandelte Zitrone

Pfeffer aus der Mühle

4 EL Zitronen-Olivenöl

1 Die Pfeffer- und Korianderkörner in einer Pfanne ohne Fett anrösten, bis sie duften. Die Gewürzkörner in den Mörser geben, zerstoßen und mit dem Olivenöl verrühren. Die ungeschälten Knoblauchzehen leicht andrücken. Den Rosmarin waschen, trocken schütteln und zerpflücken. Etwas Gewürzöl in einer Schale verteilen. Das Lammfleisch waschen, trocken tupfen und in die Schale legen. Das restliche Gewürzöl, den Rosmarin und den Knoblauch darauf verteilen. Die Schale mit Frischhaltefolie verschließen und beiseitestellen.

2 Den Bulgur nach Packungsanweisung in Salzwasser garen. Mit einer Gabel auflockern, in eine große Schüssel geben und etwas abkühlen lassen.

3 Inzwischen die Gurke schälen und längs vierteln, die Kerne entfernen und die Viertel klein schneiden. Die Tomaten waschen und halbieren, die Stielansätze entfernen und das Fruchtfleisch in Würfel schneiden. Die Zwiebel schälen und in feine Würfel schneiden. Die Kräuter waschen und trocken schütteln, die Blätter abzupfen und fein schneiden.

4 Eine große Pfanne erhitzen. Das Lammfleisch etwas abtropfen lassen, mit Knoblauch und Rosmarin in die Pfanne geben und auf beiden Seiten je 2 bis 3 Minuten braten.

5 Die Zitrone heiß waschen und trocken reiben, die Schale fein abreiben und den Saft auspressen. Den Zitronensaft, Salz, Pfeffer und die Zwiebel mit dem Zitronen-Olivenöl verrühren und über den Bulgur geben. Die Tomaten, die Kräuter und die Gurke untermischen, den Salat mit Salz und Pfeffer abschmecken. Das Lammfleisch mit der Zitronenschale bestreuen und mit dem Bulgursalat anrichten.

Mein Tipp • Bulgur ist vorgekochter Weizen, der getrocknet und anschließend zu Grütze zerkleinert wird. Man bekommt Bulgur in unterschiedlichen Körnungen von fein bis grob und mit unterschiedlichen Garzeiten. Die kürzeste Garzeit hat Instant-Bulgur, er ist schon nach wenigen Minuten fertig.

Chili con Lamm
mit grünen Bohnen

Zutaten für 4 Personen

1 Gemüsezwiebel

2 Knoblauchzehen

1–3 getrocknete Chilischoten

3 EL Olivenöl

500 g grobes Lammhackfleisch

Meersalz

1 EL Tomatenmark

1 EL Paprikapulver (edelsüß)

1 TL gemahlener Kreuz-
kümmel

1 große Dose Tomaten
(850 ml Inhalt)

einige Stiele Bohnenkraut

¼ l Gemüsebrühe

200 g Keniabohnen

1 kleine Dose rote Bohnen
(425 ml Inhalt)

etwas Aceto balsamico

200 g Crème fraîche

1 Die Zwiebel und den Knoblauch schälen und in feine Würfel schneiden. Die Chilischoten zerbröseln. In einem Topf das Olivenöl erhitzen und das Hackfleisch darin portionsweise krümelig anbraten. Die Zwiebel, den Knoblauch und Chili dazugeben und etwa 5 Minuten mitbraten.

2 Das Hackfleisch mit Salz würzen. Das Tomatenmark, das Paprikapulver und den Kreuzkümmel unterrühren und kurz andünsten. Die Tomaten etwas zerkleinern und samt Flüssigkeit dazugeben. Das Bohnenkraut waschen und trocken schütteln. Die Brühe und 2 bis 3 Stiele Bohnenkraut dazugeben und das Chili etwa 20 Minuten köcheln lassen.

3 Die Keniabohnen putzen und waschen, halbieren und in kochendem Salzwasser etwa 8 Minuten bissfest garen. Die roten Bohnen in ein Sieb geben und kalt abbrausen, zum Chili geben und weitere 10 Minuten köcheln. Die Keniabohnen unterheben und erhitzen. Die Bohnenkrautstiele aus dem Chili entfernen. Das Chili mit Salz und Essig abschmecken. Vom restlichen Bohnenkraut die Blätter abzupfen, fein schneiden und darüberstreuen. Das Chili mit der Crème fraîche anrichten und nach Belieben mit Baguette servieren.

Mein Tipp • Chili con carne ist ein Klassiker aus der texanischen Küche. Im Original wird es mit Rindfleisch zubereitet, aber auch Schweine- oder Lammfleisch passen gut in den deftigen Eintopf. Ein Klecks Crème fraîche, saure Sahne oder Joghurt macht das Chili frischer und mildert die Schärfe. Wer mag, serviert noch fein geschnittene Salatstreifen und Tortilla-Chips zum Chili.

Rehmedaillons
mit Preiselbeerknödeln und Nussbröseln

Zutaten für 4 Personen

Für die Knödel:

600 g mehligkochende
Kartoffeln

Meersalz

30 g Butter

frisch geriebene Muskatnuss

80 g Speisestärke

1 Eigelb

ca. 4 EL Wildpreiselbeeren
(aus dem Glas)

Für die Medaillons:

60 g Butter

ca. 600 g Rehrückenfilets

Meersalz

einige Zweige Thymian

1–2 Zweige Rosmarin

Pfeffer aus der Mühle

200 ml Wildfond (aus dem
Glas)

etwas alter Aceto balsamico

Für die Brösel:

50 g Butter

3 EL Semmelbrösel

3 EL gemahlene Haselnusskerne

1 Für die Knödel die Kartoffeln schälen, waschen, je nach Größe halbieren oder vierteln und in Salzwasser gar kochen.

2 In einem weiten Topf reichlich Salzwasser zum Kochen bringen. In einem kleinen Topf die Butter zerlassen. Die gekochten Kartoffeln abgießen, kurz ausdampfen lassen und heiß durch die Kartoffelpresse drücken. Mit Salz und Muskatnuss würzen und mit der flüssigen Butter, der Speisestärke und dem Eigelb verkneten. Die Masse zu einer dicken Rolle formen und in 8 Portionen teilen. Jede Portion etwas flach drücken, einige Preiselbeeren daraufgeben und die Masse zu runden Knödeln formen. Die Knödel in das siedende Salzwasser geben und etwa 15 Minuten gar ziehen lassen.

3 Inzwischen für die Medaillons den Backofen auf 120 °C vorheizen. In einer ofenfesten Pfanne 20 g Butter erhitzen. Die Rehrückenfilets trocken tupfen, leicht salzen und in der Butter rumdum anbraten. Die Kräuter waschen und trocken schütteln. Das Fleisch mit Pfeffer würzen und die Kräuterzweige hinzufügen. Die Filets im Backofen auf der mittleren Schiene 10 bis 15 Minuten gar ziehen lassen.

4 Für die Brösel in einer zweiten Pfanne die Butter aufschäumen. Die Semmelbrösel und die Haselnüsse darin goldbraun rösten. Die Knödel mit dem Schaumlöffel aus dem Kochwasser heben, abtropfen lassen und in den Nussbröseln wenden.

5 Das Fleisch aus der Pfanne nehmen und einige Minuten ruhen lassen. Den Bratensatz mit dem Fond ablöschen und etwas einkochen lassen. Von der Herdplatte nehmen und die restliche kalte Butter in kleinen Stücken einrühren. Die Sauce mit Salz, Pfeffer und Essig abschmecken. Die Filets in Stücke (Medaillons) schneiden und mit der Sauce und den Knödeln anrichten.

Mein Tipp • Bei Haselnüssen ist Frische besonders wichtig, denn alte Nüsse können ein ganzes Gericht verderben. Achten Sie deshalb unbedingt auf das Haltbarkeitsdatum der Nüsse.

Desserts
& Drinks

Klare Sache, das Beste kommt zum Schluss. Finden jedenfalls die Schleckermäuler unter uns. Und die kommen hier voll auf ihre Kosten. Denn vom leichten Obstsalat bis zum cremigen Tiramisu oder dem Dessertklassiker mit Eiscreme – auf den folgenden Seiten ist für jeden Anlass und jeden Geschmack etwas dabei. Ein paar Vorschläge für raffinierte Drinks gibt es gleich mit dazu. Wetten, dass Sie beim nächsten Mal gleich die doppelte Menge davon machen? Weil es so gut war.

Süßes perfekt in Szene gesetzt

Dass niemand aus Zeitmangel auf das süße Highlight am Ende eines Menüs verzichten muss, zeige ich Ihnen auf den nächsten Seiten. So richtig Eindruck machen Sie aber, wenn Sie diese Highlights auch noch attraktiv präsentieren – in besonders schönen Gläsern, mit frischen Kräuterblättern oder Blüten garniert oder mit einer kleinen Zugabe in Form von knusprigem Gebäck. Hier stelle ich Ihnen zwei besonders eindrucksvolle Extras vor: eine filigrane Karamellverzierung und eine knusprige »Zigarre« mit Marzipanfüllung. Außerdem meinen Lieblings-Sommercocktail, der auch mal als Dessert serviert werden kann.

Karamell-Deko

Da goldbraun geschmolzener Zucker (Karamell) beim Erkalten fest wird, lassen sich daraus effektvolle Garnituren herstellen. Besonders, wenn man lange Fäden daraus »spinnt«. Mit etwas Übung bekommen das auch Anfänger hin.

Zucker bei mittlerer Hitze schmelzen und goldbraun werden lassen, dabei ab und zu rütteln.

Einen Löffel in den Karamell tauchen und auf Backpapier gitterartige Muster »zeichnen«. Nach dem Erkalten ablösen und den Karamell in Stücke brechen.

Oder die Karamellfäden wie ein Netz auf der Unterseite eines mit Öl bestrichenen Schöpflöffels verteilen.

Das abgekühlte Karamellkörbchen vorsichtig abnehmen, Creme oder Eiscreme darin servieren.

Marzipan-Nuss-Zigarren

Mit Strudel- bzw. Filoteig aus dem Kühlregal kann man auf die Schnelle leckere gefüllte Teigstangen zubereiten. Der Teig wird aufgerollt, mit flüssiger Butter bestrichen und bei 200 °C im Backofen goldbraun gebacken.

Den Teig in 20 cm große Quadrate schneiden und diese diagonal halbieren. Die Dreiecke mit flüssiger Butter bestreichen.

Marzipan raspeln, mit gerösteten gehackten Haselnüssen (Verhältnis 2:1) verkneten und auf dem Teig verteilen.

Dreiecke von der breiten Seite her zu dünnen Stangen aufrollen, Seiten etwas einschlagen. Auf Backpapier backen.

Bellini-Cocktail

Der prickelnde Pfirsich-Cocktail wurde in Harry's Bar in Venedig erfunden. Am besten schmeckt er mit einem Püree aus reifen weißen Pfirsichen. Pro Glas benötigt man etwa ½ Pfirsich.

Die Pfirsiche einritzen, kurz in kochendes Wasser legen, kalt abschrecken und mit einem spitzen Messer die Haut abziehen.

Die Pfirsiche entkernen, in Stücke schneiden und mit dem Stabmixer oder im Mixer fein pürieren.

Das Pfirsichmark in Sektgläser füllen und mit eisgekühltem Prosecco oder Champagner auffüllen.

Pfirsich Melba
mit Himbeeren und Vanilleeis

Zutaten für 4 Personen

1 Vanilleschote
100 g Zucker
2 große Pfirsiche
300 g Himbeeren
80 g Puderzucker
4 Kugeln Vanilleeis

1 Die Vanilleschote längs aufschneiden und das Mark herauskratzen. Die Vanilleschote und das -mark mit ¼ l Wasser und dem Zucker in einen Topf geben und aufkochen lassen. Den Vanillesirup lauwarm abkühlen lassen.

2 Die Pfirsiche auf der Oberseite leicht einritzen. Kurz in kochendes Wasser legen, mit dem Schaumlöffel herausheben, kalt abschrecken und häuten. Die Früchte halbieren und die Steine entfernen. Die Pfirsichhälften in den Vanillesirup legen und 20 Minuten ziehen lassen.

3 Die Himbeeren vorsichtig waschen und auf Küchenpapier abtropfen lassen. 50 g Himbeeren beiseitelegen. Die restlichen Himbeeren mit dem Puderzucker in einen hohen Rührbecher geben und mit dem Stabmixer fein pürieren. Das Himbeerpüree nach Belieben durch ein Sieb streichen.

4 Je 1 Kugel Vanilleeis in Dessertgläser geben, je 1 abgetropfte Pfirsichhälfte daraufsetzen und das Himbeerpüree darübergießen. Mit den ganzen Himbeeren und nach Belieben mit frischer Minze oder Zitronenmelisse garnieren.

Mein Tipp • Wie von jedem kulinarischen Klassiker gibt es auch vom »Pêche Melba« zahlreiche Varianten. Er wird mal mit Schlagsahne, mal mit Waffeln, mal mit Mandelsplittern serviert. Die einfachste Version ist meiner Meinung nach immer noch die beste. Diesen Dessertklassiker hat übrigens der berühmte Koch Auguste Escoffier 1892 für die australische Operndiva Helen Porter Armstrong (Künstlername Nellie Melba) erfunden.

Birne Helene
mit Schokoladensauce

Zutaten für 4 Personen

150 ml Weißwein

150 ml Apfelsaft

3 EL Zucker

1 Vanilleschote

2 Birnen (nicht zu weich)

200 g Sahne

100 g Zartbitterschokolade

4 Kugeln Vanilleeis

1 Den Wein, den Saft und den Zucker in einen Topf geben. Die Vanilleschote längs aufschneiden und das Mark herauskratzen, beides hinzufügen. Die Flüssigkeit zum Kochen bringen. Die Birnen halbieren und schälen, die Kerngehäuse entfernen. Die Birnenhälften in den Vanillesud legen, aufkochen lassen und den Topf von der Herdplatte nehmen. Die Birnen zugedeckt etwa 10 Minuten gar ziehen lassen.

2 In einem kleinen Topf die Sahne erhitzen. Die Schokolade hacken, zur Sahne geben und darin schmelzen. Nach Belieben 2 EL Birnenbrand unterrühren. Die Schokosahne etwas abkühlen lassen.

3 Die Birnenhälften aus dem Sud heben und mit je 1 Kugel Vanilleeis in Dessertschalen anrichten. Etwas Schokosauce über das Eis gießen, die restliche Sauce separat dazu servieren.

Baby-Bananensplit
mit gerösteten Mandeln

Zutaten für 4 Personen

80 g Zartbitterschokolade

300 g Sahne

½ Päckchen Bourbon-Vanillezucker

20 g Mandelkerne (oder Mandelstifte)

4 Baby-Bananen

etwas Zitronensaft

4 Kugeln Vanille- oder Schokoladeneis

1 Die Schokolade grob hacken. In einem kleinen Topf 150 g Sahne erwärmen und die Schokolade darin schmelzen lassen. Die Schokosahne in eine Schüssel geben und etwas abkühlen lassen. Die restliche Sahne mit dem Vanillezucker in einen Rührbecher geben und mit den Quirlen des Handrührgeräts steif schlagen.

2 Die Mandeln halbieren oder vierteln, in einer Pfanne ohne Fett anrösten und herausnehmen. Die Bananen schälen, längs halbieren und mit Zitronensaft beträufeln. Je 2 Bananenhälften und 1 Kugel Vanilleeis mit einem Klecks Sahne auf Tellern anrichten und mit der Schokoladensauce beträufeln. Die Mandeln darüberstreuen und das Dessert nach Belieben mit frischer Minze garnieren.

Mein Tipp • Baby-Bananen, auch Zucker- oder Fingerbananen genannt, haben einen sehr intensiven Bananengeschmack und sind schon wegen ihres Mini-Formats ideal für Desserts. Natürlich funktioniert der Bananensplit genauso gut mit normalen Bananen. Wählen Sie aber keine unreifen Früchte, die sind nicht nur hart, sondern auch wenig aromatisch. Bei sehr großen Bananen reicht ½ pro Person.

Spaghetti-Eis
mit Erdbeeren und weißer Schokolade

Zutaten für 4 Personen

250 g Erdbeeren

2–3 EL Puderzucker

40 g kalte weiße Schokolade

800 ml Vanilleeis

1 Die Erdbeeren waschen, in einem Sieb abtropfen lassen und putzen. Die Früchte halbieren oder vierteln, mit dem Puderzucker in einen hohen Rührbecher geben und mit dem Stabmixer fein pürieren. Die Schokolade auf der Küchenreibe raspeln.

2 Das Vanilleeis portionsweise durch die Spätzlepresse in Dessertschälchen oder -teller drücken. Die Erdbeersauce darauf verteilen und die Schokoraspel darüberstreuen. Das Spaghetti-Eis nach Belieben mit Verveine (Zitronenverbene) garnieren.

Variationen:

Bei jedem Italiener um die Ecke gibt es inzwischen auch grüne oder rote Nudeln, die mit getrockneten Tomaten oder Kräutern gefärbt sind. Auch das bewährte Spaghetti-Eis lässt sich deshalb durchaus mal abwandeln:

Für **grüne Spaghetti** anstelle von Vanilleeis Pistazieneis durch die Spätzlepresse drücken und die Erdbeeren durch Himbeeren ersetzen. Dann die Sauce nach Belieben durch ein Sieb streichen, damit die Kerne zurückbleiben.

Für **rote Spaghetti mit Pesto** statt Vanilleeis Erdbeer- oder Himbeereis durch die Spätzlepresse drücken und als Sauce ein »Pesto« aus Pistazien und Minze servieren, das mit etwas Mineralwasser und Puderzucker püriert und mit Zitronensaft und -schale abgeschmeckt wird.

Für **Spaghetti mit Basilikumöl** anstelle der Erdbeersauce ein Basilikumöl (siehe S. 179) zu den Eis-Spaghetti servieren.

Mein Tipp • Für die »Spaghetti« verwende ich eine Spätzlepresse mit größerem Locheinsatz (die herkömmliche Kartoffelpresse funktioniert hier nicht so gut) und drücke stets nur kleinere Eisportionen durch. Die Presse und die Dessertteller stelle ich einige Zeit vor der Zubereitung in das Tiefkühlfach.

Spekulatius-Tiramisu
mit Amaretto

Zutaten für 4 Personen

2 sehr frische Eier

60 g Zucker

250 g Mascarpone

3 EL Amaretto (ital. Mandellikör)

Salz

100 ml Espresso

150 g Spekulatius- oder Mandelkekse

Kakaopulver zum Bestäuben

1   Die Eier trennen. Die Eigelbe mit dem Zucker in eine Schüssel geben und mit dem Schneebesen oder den Quirlen des Handrührgeräts hell-cremig aufschlagen. Den Mascarpone portionsweise unterrühren und 1 EL Amaretto hinzufügen. Die Eiweiße mit 1 Prise Salz in einen Rühr-becher geben und mit den Quirlen des Handrührgeräts steif schlagen. Den Eischnee unter die Mascarponemasse heben.

2   Den Espresso mit dem restlichen Amaretto verrühren. Die Hälfte der Kekse in der Espressomischung wenden und in eine rechteckige Form (ca. 15 x 25 cm) oder in 4 Gläser verteilen. Die Hälfte der Creme darüber verteilen. Die restlichen Kekse ebenfalls in der Espressomischung wen-den, darauf verteilen und mit der restlichen Creme bedecken. Etwas Kakaopulver in ein feines Sieb geben und die Creme damit bestäuben.

Stracciatella-Quarkcreme
mit Kirschkompott

Zutaten für 4 Personen

300 g Sauerkirschen

200 ml Kirschsaft

ca. 5 EL Puderzucker

½ Zimtstange

1 gestr. TL Speisestärke

500 g Sahnequark

2 EL Marsala (ital. Dessertwein)

50 g kalte Zartbitterschokolade

100 g Schlagsahne

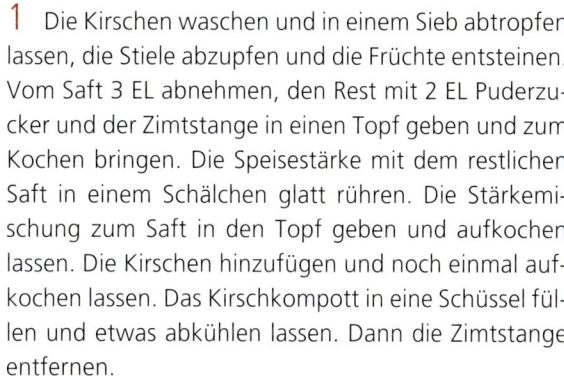

1 Die Kirschen waschen und in einem Sieb abtropfen lassen, die Stiele abzupfen und die Früchte entsteinen. Vom Saft 3 EL abnehmen, den Rest mit 2 EL Puderzucker und der Zimtstange in einen Topf geben und zum Kochen bringen. Die Speisestärke mit dem restlichen Saft in einem Schälchen glatt rühren. Die Stärkemischung zum Saft in den Topf geben und aufkochen lassen. Die Kirschen hinzufügen und noch einmal aufkochen lassen. Das Kirschkompott in eine Schüssel füllen und etwas abkühlen lassen. Dann die Zimtstange entfernen.

2 Den Quark mit dem Marsala und dem restlichen Puderzucker glatt rühren. Die Schokolade auf der Küchenreibe raspeln und etwa drei Viertel davon unter den Quark heben. Die Sahne in einem Rührbecher mit den Quirlen des Handrührgeräts steif schlagen und unter den Stracciatellaquark heben.

3 Das lauwarme Kirschkompott in Gläser oder Schalen füllen und die Stracciatellacreme darauf verteilen. Mit den restlichen Schokoraspeln bestreuen.

Mein Tipp • Noch schneller geht das Dessert mit Schattenmorellen aus dem Glas. Die Kirschen in einem Sieb abtropfen lassen, die benötigte Menge Saft auffangen und weiter wie im Rezept verfahren.

Apfel-Mascarponecreme
mit Amarettini

Zutaten für 4 Personen

2 große säuerliche Äpfel

20 g Butter

4 EL Ahornsirup

250 g Mascarpone

100 g fettarmer Joghurt

3–4 EL Zucker

100 g Sahne

20 g Amarettini
(ital. Mandelkekse)

1 Die Äpfel vierteln und nach Belieben schälen, die Kerngehäuse entfernen und die Viertel in Spalten schneiden. In einer Pfanne die Butter erhitzen und die Äpfel darin etwa 2 Minuten andünsten. Den Sirup hinzufügen, aufkochen lassen und die Pfanne von der Herdplatte nehmen.

2 Den Mascarpone mit dem Joghurt, dem Zucker und nach Belieben mit 2 EL Calvados (Apfelbranntwein) glatt rühren. Die Sahne in einen Rührbecher geben, mit den Quirlen des Handrührgeräts steif schlagen und unterheben.

3 Die Äpfel mit der Flüssigkeit in Gläsern oder Schälchen verteilen und die Creme darübergeben. Die Amarettini zerdrücken und darüberstreuen. Nach Belieben etwas Kakaopulver mit einem feinen Sieb über die Creme stäuben.

Variationen:

Für Birnen-Mascarponecreme die Äpfel durch Birnen ersetzen und nach Belieben den Calvados durch Birnengeist.

Für Pfirsich-/Aprikosen-Mascarponecreme die Äpfel durch gehäutete Pfirsiche oder Aprikosen ersetzen und nach Belieben den Calvados durch Pfirsichlikör.

Für Mango-Mascarponecreme die Äpfel durch 1 Mango ersetzen, diese allerdings nicht andünsten, sondern nur mit etwas Limettensaft beträufeln und statt Joghurt Kokosmilch verwenden.

Mein Tipp • Ein knuspriges Topping ist die Krönung eines jeden Desserts. Das können wie hier Kekse sein, kleine Baiserstückchen oder einfach geröstete Nüsse. Ganz köstlich ist auch selbst gemachter Krokant: Dafür 100 g Zucker karamellisieren, 100 g Mandelstifte, gehackte Walnüsse, Pistazien oder Haselnüsse unterrühren und die Masse auf mit Öl bestrichene Alufolie gießen. Den Krokant nach dem Auskühlen ablösen und in Stücke brechen oder mit der Teigrolle zerbröseln.

Mango-Passionsfrucht-Salat
mit Kokossahne

Zutaten für 4 Personen

1 große reife Mango

2 Passionsfrüchte

einige Minzeblätter

3 EL Limettensaft

1 EL brauner Zucker

100 g Mascarpone

100 ml Kokosmilch (gut gekühlt)

100 g Sahne

1 Päckchen Bourbon-Vanillezucker

2 TL Kokosspäne (oder Kokosraspel)

1 Das Mangofruchtfleisch am Stein entlang abschneiden und schälen, in Würfel schneiden und in eine Schüssel geben. Die Passionsfrüchte halbieren, die Kerne herauslöffeln und mit der Mango mischen.

2 Die Minzeblätter waschen, trocken tupfen und fein schneiden. Den Limettensaft und den Zucker mit der Minze verrühren und unter die Früchte mischen.

3 Den Mascarpone mit der Kokosmilch in eine Schüssel geben und glatt rühren. Die Sahne mit dem Vanillezucker steif schlagen und unterheben. Den Mango-Passionsfrucht-Salat auf Desserttellern oder in Gläsern anrichten, die Kokossahne darüber verteilen und mit Kokosspänen (nach Belieben vorher rösten) bestreuen.

Aprikosen-Trifle
mit Honigquark

Zutaten für 4 Personen

20 g Mandelblättchen

6 Aprikosen (oder Nektarinen
oder Pfirsiche; ca. 450 g)

20 g Butter

3 TL brauner Zucker

2–3 EL Moscato (ital. Dessertwein;
oder Aprikosenlikör)

250 g Sahnequark

150 g Sahnejoghurt

flüssiger Honig (z. B. Akazienhonig)

8 Cantuccini (ital. Mandelkekse)

1 Die Mandelblättchen in einer Pfanne ohne Fett goldbraun rösten und herausnehmen. Die Aprikosen waschen und halbieren, die Steine entfernen und die Hälften in Würfel schneiden.

2 Die Butter in der Pfanne erhitzen und die Aprikosen darin andünsten. Den Zucker darüberstreuen und etwas karamellisieren. Den Moscato dazugeben, aufkochen lassen und die Pfanne von der Herdplatte nehmen. Die Aprikosen lauwarm abkühlen lassen.

3 Den Quark mit dem Joghurt und etwas Honig in eine Schüssel geben und glatt rühren. Die Cantuccini mit der Hand oder mit einem Topfboden zerdrücken und in 4 Gläser verteilen. Die Aprikosen mit der Flüssigkeit und dann den Honigquark daraufgeben. Den Trifle mit den Mandelblättchen bestreuen.

Mein Tipp • Trifle stammt ursprünglich aus England. Traditionell wird er aus Kuchenresten, die man mit Sherry oder Madeira getränkt hat, Marmelade oder Früchten, Vanillecreme und Schlagsahne in einer großen Glasschüssel geschichtet. Dann lässt man ihn mehrere Stunden saftig durchziehen. Meine schnelle Variante wird dagegen sofort serviert, was den Vorteil hat, dass die Kekse noch Biss haben.

Gebackene Kardamom-Feigen
mit Pinienkernen und Vanille

Zutaten für 4 Personen

50 g Butter

1 Vanilleschote

2 Kardamomkapseln

1 EL Zucker

1 EL Orangenlikör

(z. B. Grand Marnier)

8 frische Feigen

2 EL Pinienkerne

200 g Crème fraîche

1 Die Butter in einem Topf erhitzen. Die Vanilleschote längs aufschneiden und das Mark herauskratzen. Die Kardamomkapseln andrücken und mit der Vanilleschote, dem -mark, dem Zucker und dem Likör zur Butter geben. Den Topf von der Herdplatte nehmen und die Gewürze kurz ziehen lassen.

2 Den Backofengrill einschalten. Die Feigen waschen, trocken tupfen und auf der Stielseite über Kreuz tief einschneiden, sodass die Viertel auseinanderklappen, unten jedoch noch zusammenhalten. Die Feigen nebeneinander in eine ofenfeste Form setzen. Die Gewürzbutter über die Feigen träufeln, mit den Pinienkernen bestreuen und im Ofen auf der mittleren Schiene etwa 5 Minuten gratinieren.

3 Die Crème fraîche glatt rühren. Die Kardamomfeigen mit der Gewürzbutter auf Dessertteller verteilen. Die Crème fraîche daraufgeben oder separat dazu servieren.

Variationen:

Für **Kardamom-Feigen mit Ei** die Feigen mit Eiscreme (z. B. Walnusseis) statt mit Crème fraîche servieren.

Für **Kardamom-Feigen mit Pekannüssen** den Likör und Zucker weglassen, stattdessen 2 EL Ahornsirup zur Butter geben. Die Pinienkerne durch gehackte Pekannüsse ersetzen.

Für **Kardamom-Feigen mit grünem Pfeffer** Likör, Zucker und Kardamom weglassen, stattdessen 2 EL Honig zur Butter geben. Nach dem Gratinieren 1 bis 2 TL eingelegte grüne Pfefferkörner über die Feigen geben.

Mein Tipp • Feigen gehören zu den ältesten bekannten

Obstsorten, und in den Mittelmeerländern liebt man sie über alles. Frische, saftige Feigen schmecken pur, zu Käse, Entenbrust, Wild, Schinken oder im Dessert einfach toll. Je nach Sorte haben Feigen eine grünliche oder violette Haut. Man braucht sie nicht zu schälen, sollte sie aber vor dem Verarbeiten waschen.

Schnelle Kokosberge
mit Zimt und braunem Zucker

Zutaten für ca. 15 Stück

110 g Kokosraspel

70 g brauner Zucker

½ TL Zimtpulver

Salz

2 Eiweiß (Größe L)

1 Die Kokosraspel mit dem Zucker, dem Zimt und 1 Prise Salz in eine Schüssel geben und alles mischen. Die Eiweiße mit einer Gabel leicht verquirlen und mit der Kokosmischung verrühren. Die Masse 10 Minuten quellen lassen.

2 Den Backofen auf 200 °C vorheizen. Von der Kokosmasse mit zwei Teelöffeln walnussgroße Portionen abnehmen und auf ein mit Backpapier belegtes Backblech setzen. Mit angefeuchteten Fingern die Spitzen etwas nachformen. Die Kokosberge im Ofen auf der mittleren Schiene etwa 15 Minuten goldbraun backen, falls nötig gegen Ende der Backzeit mit Alufolie abdecken.

3 Die Kokosberge vom Papier lösen und auf einem Kuchengitter abkühlen lassen. Anschließend nach Belieben ganz oder teilweise in aufgelöste Zartbitterkuvertüre tauchen.

Gratinierte Beeren
mit Pistazien

Zutaten für 4 Personen

500 g Beeren der Saison (z. B. Erdbeeren, Himbeeren, Brombeeren,
Heidelbeeren, Johannisbeeren)
Butter für die Form
einige Pistazienkerne
1 Vanilleschote
2 Eigelb
3 EL Zucker
200 g Frischkäse
100 g Sahne

1 Den Backofengrill einschalten. Die Beeren vorsichtig waschen, trocken tupfen und putzen. Eine ofenfeste Form mit der Butter einfetten. Die Beeren in der
Form verteilen. Die Pistazien grob hacken.

2 Die Vanilleschote längs aufschneiden und das Mark
herauskratzen. Die Eigelbe, den Zucker und das Vanillemark in eine Schüssel geben und mit dem Schneebesen oder den Quirlen des Handrührgeräts schaumig
rühren. Den Frischkäse unterrühren. Die Sahne steif
schlagen und unter die Frischkäsecreme heben. Die
Creme auf den Beeren verteilen und die Pistazien darüberstreuen. Die Beeren unter dem Backofengrill auf
der mittleren Schiene goldbraun überbacken.

3 Die gratinierten Beeren leicht abkühlen lassen und
nach Belieben mit etwas Puderzucker bestäuben.

Mein Tipp • Sie können jede Art von
Obst überbacken – ich nehme die Früchte, die
gerade Saison haben, sie schmecken am aroma-
tischsten. Lediglich die Vorbereitung variiert
ein wenig: Aprikosen oder Pfirsiche häutet man
und schneidet sie in Spalten, Kirschen oder Mira-
bellen werden entsteint und feste Früchte, wie
Äpfel oder Birnen, brate ich vorher kurz in etwas
Butter an. Nicht geeignet sind frische Ananas
und Kiwi. Sie enthalten ein eiweißspaltendes
Enzym, das Milchprodukte bitter werden lässt.

Mokkaküchlein
mit Mangosauce

Zutaten für 6 Personen
Für die Küchlein:

60 g Butter

60 g dunkle Schokolade
(70 % Kakaoanteil)

Butter für die Form

1 Ei

1 Eigelb

50 g Zucker

3 EL Espresso

30 g Mehl

Für die Sauce:

1 reife Mango

1 EL brauner Zucker

2 EL Orangensaft

1 Für die Küchlein die Butter in einen kleinen Topf geben und schmelzen lassen. Die Schokolade grob hacken und dazugeben. Den Topf von der Herdplatte nehmen und die Schokolade in der Butter schmelzen lassen. Etwas abkühlen lassen.

2 Den Backofen auf 220 °C vorheizen. Sechs Mulden einer Muffinform (mit 12 Mulden) einfetten. Das Ei und das Eigelb mit dem Zucker in eine Schüssel geben und mit dem Schneebesen oder den Quirlen des Handrührgeräts hellcremig aufschlagen. Den Espresso und die Schokomischung unterrühren. Das Mehl darübersieben und unterheben. Den Teig in die gefetteten Muffinmulden verteilen und die Küchlein im Ofen auf der mittleren Schiene 8 bis 10 Minuten backen.

3 Für die Sauce das Mangofruchtfleisch am Stein entlang abschneiden und schälen. Die Hälfte davon in Spalten oder Würfel schneiden. Die andere Hälfte in grobe Stücke schneiden, mit dem Zucker und dem Saft in einem Rührbecher mit dem Stabmixer pürieren. Das Püree mit den Mangospalten mischen.

4 Die Mokkaküchlein aus der Form lösen, lauwarm abkühlen lassen und nach Belieben mit Schokoraspeln bestreuen. Mit der Mangosauce servieren.

Variationen:

Für **Mokkaküchlein mit Orangenkompott** frisch gepressten Saft von 2 Orangen mit 1 EL Zucker aufkochen und mit 1 TL Speisestärke binden, mit Orangenlikör aromatisieren und die Filets von 1 Orange untermischen.

Für **Mokkaküchlein mit Kaffeebohnensplitter** 1 Kaffeebohne im Mörser fein zerdrücken und unter den Teig mischen.

Für **Mokkaküchlein mit Füllung** vor dem Backen ein kleines Stückchen Nougat oder weiße Schokolade in den Törtchen »versenken«.

Mein Tipp • Die Mokkaküchlein sind übrigens auch zum Kaffee oder für ein Picknick der Hit, deshalb bereite ich oft gleich die doppelte Menge zu. Ich stelle dann kleine Muffin-Papierförmchen in die Mulden der Form – so kann man die Törtchen später besser »aus der Hand« essen.

Zwetschgen-Pizza
mit Zimtsahne

Zutaten für 4 Personen

4 EL gehackte Haselnusskerne

100 g Marzipanrohmasse

1 EL Zwetschgengeist

12 Zwetschgen

1 Platte Blätterteig (ca. 275 g; aus dem Kühlregal)

20 g flüssige Butter

Puderzucker zum Bestäuben

150 g Sahne

½ Päckchen Vanillezucker

Zimtpulver

1 Die Haselnüsse in einer Pfanne ohne Fett anrösten und herausnehmen. Das Marzipan auf der Küchenreibe raspeln und mit den Nüssen und dem Zwetschgengeist verkneten. Die Zwetschgen waschen, halbieren und entsteinen.

2 Den Backofen auf 200 °C vorheizen. Den Blätterteig auf der Arbeitsfläche ausbreiten 4 Kreise à 12 cm Durchmesser aus dem Teig ausstechen und auf ein mit Backpapier belegtes Backblech legen. Jeweils etwas von der Marzipanmischung in die Zwetschgenhälften füllen und mit der Schnittfläche nach unten auf den Teig legen. Die Zwetschgen mit der Butter bestreichen und die Pizzen im Backofen auf der mittleren Schiene etwa 15 Minuten goldbraun backen.

3 Die Pizzen herausnehmen, lauwarm abkühlen lassen und mit Puderzucker bestäuben. Die Sahne mit dem Vanillezucker in einen Rührbecher geben und mit den Quirlen des Handrührgeräts steif schlagen, zum Schluss 1 Prise Zimtpulver unterschlagen. Die Zwetschgen-Pizzen mit der Zimtsahne servieren.

Variationen:

Für eine Aprikosen-Pizza statt Zwetschgen kleine Aprikosen verwenden. Die Aprikosen kreuzweise einschneiden, kurz in kochendes Wasser legen, kalt abschrecken, häuten, halbieren und entkernen.

Für eine Feigen-Pizza anstelle von Zwetschgen Feigen verwenden. Die Feigen waschen und in dicke Scheiben schneiden. Die Marzipanmischung auf den Teig krümeln und die Feigen kreisförmig darauf anordnen.

Für eine Apfel-Pizza statt Zwetschgen Äpfel verwenden. Die Äpfel vierteln und schälen, die Kerngehäuse entfernen und die Viertel in dünne Spalten schneiden. Die Marzipanmischung auf den Teig krümeln und die Äpfel kreisförmig darauf anordnen.

Mein Tipp • Aus Blätterteigresten steche ich gerne kleine Kekse aus, die ich vor dem Backen mit Eigelb bestreiche und mit Hagelzucker oder Nüssen bestreue. Oder ich schneide den Teig in Rechtecke, belege sie mit Marzipan und klappe sie zu kleinen Taschen zusammen. Auf keinen Fall darf man die Reste miteinander verkneten, sonst verkleben die einzelnen Blätter und gehen beim Backen nicht mehr auf.

Erdbeer-Cappuccino
mit Eis und Schlagsahne

Zutaten für 4 Personen

300 g Erdbeeren

1 Vanilleschote

1 EL Puderzucker

1 EL Zitronensaft

100 g Sahne

1 TL Bourbon-Vanillezucker

4 Kugeln Erdbeer- oder Vanilleeis

1 Die Erdbeeren waschen, in einem Sieb abtropfen lassen und putzen. Zwei schöne Erdbeeren beiseitelegen, die restlichen Beeren kleinschneiden. Die Vanilleschote längs aufschneiden und das Mark herauskratzen. Die Hälfte der Erdbeeren mit dem Vanillemark, dem Puderzucker und Zitronensaft in einen hohen Rührbecher geben und mit dem Stabmixer pürieren. Die restlichen Beeren mit dem Püree mischen. Die Sahne mit dem Vanillezucker in einen Rührbecher geben und mit den Quirlen des Handrührgeräts steif schlagen.

2 Das Eis in 4 Kaffeetassen setzen. Die Erdbeeren mit dem Püree darüber verteilen und die Sahne daraufgeben. Die beiseitegelegten Erdbeeren in dünne Scheiben schneiden und den Cappuccino damit garnieren. Nach Belieben mit Verveine (Zitronenverbene) garnieren.

Zitronensorbet
mit Basilikumöl

Zutaten für 4 Personen

80 g Zucker
½ Bund Basilikum
2 EL Zitronensaft
1 TL abgeriebene unbehandelte
Zitronenschale
2 EL Zitronen-Olivenöl
400 g Zitronensorbet (Fertigprodukt) oder Zitroneneis

1 Den Zucker und 100 ml Wasser in einen kleinen Topf geben und sirupartig einköcheln lassen. In eine Schüssel füllen und etwas abkühlen lassen.

2 Das Basilikum waschen und trocken schütteln, die Blätter abzupfen und grob schneiden. Den Sirup mit dem Zitronensaft und dem Basilikum in einen Rührbecher geben und mit dem Stabmixer pürieren. Die Zitronenschale und das Zitronen-Olivenöl unterrühren.

3 Aus dem Sorbet mit dem Kugelausstecher Kugeln formen und in Gläser verteilen. Das Sorbet mit dem Basilikumöl beträufeln und nach Belieben mit Zitronenspalten dekorieren.

Mein Tipp • Ein erfrischendes Zitronensorbet können Sie auch ganz einfach selber zubereiten: 100 g Zucker und 100 ml Wasser sirupartig einköcheln lassen. Abkühlen lassen und mit 200 ml frisch gepresstem Zitronensaft verrühren. In eine flache Schüssel füllen und in das Tiefkühlfach stellen. Während des Gefrierens immer wieder mal umrühren. Ebenfalls köstlich: Zitronensorbet mit einem Schuss Aperol serviert.

Gegrillte Ananas
mit Minze-Crème-double

Zutaten für 4 Personen

1 Stiel Minze

200 g Crème double

1 EL weißer Rum

2 EL flüssiger Honig

1 EL Limettensaft

1 Baby-Ananas

Öl für die Pfanne

1 Die Minze waschen und trocken schütteln, die Blätter abzupfen und fein schneiden. Die Crème double mit der Minze verrühren. Den Rum, den Honig und den Limettensaft in ein Schälchen geben und miteinander verrühren.

2 Den Blattschopf der Ananas abschneiden. Die Ananas schälen und quer in Scheiben schneiden. Eine Grillpfanne mit Öl einstreichen und erhitzen. Die Ananasscheiben auf beiden Seiten je 2 bis 3 Minuten grillen.

3 Die Ananasscheiben herausnehmen, mit der Honigmischung beträufeln und mit der Minze-Crème-double anrichten.

Piña Colada
mit frischer Ananas

Zutaten für 1 Glas

100 g Ananasfruchtfleisch
5 EL Kokosmilch
3 EL weißer Rum
1–2 EL Sahne

1 Das Ananasfruchtfleisch in Stücke schneiden und mit der Kokosmilch und dem Rum im Küchenmixer oder in einem hohen Rührbecher mit dem Stabmixer fein pürieren.

2 Ein Longdrinkglas halb mit zerstoßenem Eis füllen. Das Püree hineingießen und die Sahne unterrühren. Den Piña Colada nach Belieben mit 1 Ananasscheibe und 1 Maraschinokirsche garnieren und mit Strohhalmen servieren.

Mein Tipp • Coladas nennt man exotische Cocktails aus Kokosnuss, Rum und Früchten. Die berühmteste Colada ist die mit Ananas (Piña). Die Rezepturen für Piña Colada sind verschieden – die Kokosnuss ist mal in Form von Kokoslikör, gesüßter Kokoscreme (Cream of Coconut) oder Kokosmilch enthalten, die Ananas mal als Saft, mal als Fruchtpüree. Ein ordentlicher Schuss Schlagsahne macht das Ganze ziemlich gehaltvoll. Ich bevorzuge eine schlanke Version mit Fruchtpüree, Kokosmilch und nur wenig Sahne.

Virgin Mojito
mit Ingwer

Zutaten für 4 Gläser

4 unbehandelte Limetten

10 g Ingwer

4 Stiele Minze

2 Stiele Verveine (Zitronenverbene)

4 TL brauner Zucker

200 ml weißer Tee (frisch
aufgebrüht und abgekühlt)

400 ml Zitronenlimonade

1 Die Limetten heiß waschen und in Stücke schneiden. Den Ingwer schälen und fein reiben. Die Kräuter waschen, trocken schütteln und die Blätter abzupfen.

2 Limetten, Ingwer und Kräuter mit dem Zucker mischen, in 4 Gläser füllen und mit dem Barstößel zerdrücken.

3 Den Tee auf die Gläser verteilen, reichlich zerstoßenes Eis dazugeben und mit der Zitronenlimonade auffüllen.

Matchatee-Cocktail
mit Limette

Zutaten für 1 Glas

2 TL Matchatee (siehe Tipp)

1 TL Puderzucker

1 EL Limejuice

150 ml Ginger Ale

1 Spritzer Limettensaft

etwas abgeriebene unbe-
handelte Limettenschale

1 Den Matchatee und den Puderzucker mit 1 EL heißem Wasser in ein Schälchen geben und auflösen. Den Limejuice unterrühren.

2 Ein Longdrinkglas mit Eiswürfeln füllen, die Matchateemischung daraufgießen und das Glas mit Ginger Ale auffüllen. Den Limettensaft und etwas Limettenschale dazugeben. Das Glas nach Belieben mit 1 Limettenschalenspirale dekorieren.

Mein Tipp • Matchatee ist ein fein pulverisierter Grüntee. Er ist intensiv grün und hat einen herben Geschmack. Die Teesträucher werden einige Wochen vor der Ernte beschattet, die Blätter nach der Ernte gedämpft, getrocknet und zu Pulver zermahlen.

Das Fototeam

People- und Foodfotos:
WestermannStudios GbR,
www.westermannstudios.de

Fotografie: Jan-Peter Westermann

Fotografische Mitarbeit:
Chiara Cigliutti, Stefanie Bütow

Foodstyling: PIO, Alexandra Böhme,
Clarence Brown, Jenny Susanti

Styling: Christine Mähler

Assistenz: Yvonne Gastler, Malte Plutat

Cover:
Dirk Schmidt/dsphotos.de

Vor- und Nachsatz:
Christian Spielmann/NDR

Informationen und Bezugsquellen

Alles Wissenswerte über Cornelia Poletto, ihr Restaurant, ihre Kochschule und ihre Lieblingsprodukte erfahren Sie unter www.cornelia-poletto.de.

Feinkost und Delikatessen werden im Internet zum Beispiel von www.bosfood.de, www.viani.de oder www.oliva-verde.de vertrieben.

Edle Fleischspezialitäten kann man unter www.schlachterei-wagner.de und www.otto-gourmet.de bestellen.

Der Verlag und Cornelia Poletto danken den Firmen Van Laack Store Eppendorf, ASA Selection sowie Robbe und Berking für die freundliche Unterstützung der Fotoproduktion.

Auch erhältlich:

»Mein Grundkurs für Einsteiger«, der zweite Band zur beliebten TV-Serie.

216 Seiten, € [D] 19,95;
€ [A] 20,60; sFr 28,50
ISBN 978-3-89883-260-1

»Mein neuer Grundkurs für Einsteiger«, das erfolgreiche dritte Buch zur TV-Serie.

184 Seiten, € [D] 19,95;
€ [A] 20,60; sFr 28,50
ISBN 978-3-89883-278-6